JN298085

7日でわかる 日本語教師のための IT講座

すぐに現場で活用できる！

Word・Excel・PowerPointから画像・動画編集まで

中澤一亮・畑佐一味著

くろしお出版

本書は、Windows 7/8、Office 2010/2013 に対応しています

▶ ウェブサイトの関連動画ヘルプ
http://www.9640.jp/6it/

Microsoft、Windows 7/8、Office、Word、Excel、PowerPoint 等は Microsoft Corporation の米国及び各国における商標または登録商標です。その他、本書に記載されているブランド名・製品名・商標等は、それぞれの帰属者の所有物です。

■本書の解説は、使用するソフトウェアのバージョン・お客様のハードウェア・ソフトウェア環境などによっては、必ずしも本書通りの動作や画面にならないことがあります。あらかじめご了承ください。
■本書に記載された内容は、参照用としての提供のみを目的としております。本書を用いての運用はすべてお客様自身の責任と判断において行ってください。
■本書の運用やダウンロード先からのデータ使用によっていかなる損害が生じても、くろしお出版及び著者は責任を負いかねますので、あらかじめご了承ください。

まえがき

　この本を書く動機は、筆者自身の経験でした。約20年前、大学に通っていた私は、当時広まりつつあったコンピュータを学ぶため、「情報処理」の授業に登録しました。しかし、人気の授業であったため抽選となり、残念ながら履修することができませんでした。結局、大学在学中はコンピュータ関連の授業を1つも履修できず、卒業後もコンピュータと格闘し、自己流でメールソフトやワープロソフトといった限られたソフトのみを使っていました。当然、コンピュータの仕組みや、他のソフトの使い方等は、全く理解しておらず、何かトラブルが起こるたびにパニックになり、見て見ぬふりしていました。そんな自分が、米国のコンピュータ関連学科が有名な大学院でティーチングアシスタントをしながら勉強することになったのも、今思うと何かの縁なのかもしれません。そこで、本書共著者の畑佐一味先生のITリテラシーの授業を初めて受けたことで、コンピュータに向き合う自信がつき、興味も沸いてきました。そして、言語学習と同様に、コンピュータも基礎的知識は非常に大切だと自身の経験を通して実感しました。

　私のように、これまでコンピュータについて体系的に学ぶ機会がなかった日本語教師は意外にたくさんいるのではないでしょうか。そのような先生方が、本書を通して、少しでも自信を持ってコンピュータと向き合えるようになることを目的に執筆いたしました。コンピュータは、日本語教師の仕事の負担を減らしてくれる道具であって、その操作に手間取り時間を費やし過ぎては本末転倒です。そこで、本書では、コンピュータを効率的に使えるようになるための基本的なスキルを中心に取り上げました。そして、ただスキルを紹介するだけではなく、日本語教師が頻繁に行う作業や、多くの方が疑問に思っていることに関連付けて説明してみました。ですから、本書の内容をすぐに教育現場で活用できると思います。

　本書の執筆に際し、日本語教育学会主催「日本語教師のためのオンラインIT講座」やミドルベリー大学夏期集中講座、元智大学の授業を受講された日本語の先生方や日本語教師を目指す大学院生からの興味深く素朴な質問が、非常に参考となりました。また、大学院時代の師でもある本書共著者畑佐一味先生からのアドバイスや叱咤激励なくしては、本書を刊行することはできませんでした。この場を借りて、御礼申し上げます。そして、今回の執筆の機会を与えて下さり、こちらのわがままな希望にも快く応えて下さったくろしお出版の池上達昭氏にも心より御礼申し上げます。皆様、ありがとうございました。

2015年3月吉日
中澤一亮

目　次

1　ワープロソフト Word ——— 7

1. 設定の変更　　8
2. タブ　　12
3. インデント　　16
4. スタイル　　18
5. クリップアート　　20
6. 変更履歴の記録とコメント　　22
7. 検索 / 置換機能　　25
8. ルビ　　27
9. コンテンツコントロール　　29

使える技1　複数行にわたってテキスト間のスペースや記号を削除　15
使える技2　Word でサンプルテキストを表示　16
使える技3　タブやインデントの調整単位を変更　18
使える技4　長い文字列の選択方法　20
使える技5　正方形や正円形の挿入　22
使える技6　マウスの無駄な動きを減らすショートカット　25
使える技7　クリックで効率的な文字列選択　27
使える技8　日本語入力中の半角スペース入力　29
使える技9　ルーラーの長さの単位を変更　34

2　表計算ソフト Excel ——— 35

1. 成績の記録・管理　　36
2. セルの書式設定　　46
3. 並べ替えとフィルター　　50
4. ふりがなの表示 / 非表示　　54
5. フォームコントロール　　56

使える技1　既に入力されている値を別のセルに出力　45
使える技2　複数のセルに同じ値を入力　49
使える技3　空白セルの検索　53
使える技4　行と列の入れ替え　55
使える技5　列の順番の入れ替え　64

3 プレゼンテーションソフト PowerPoint ― 65

1 設定の変更 　66
2 プレゼンテーションスライドの作成 　67
3 アニメーション 　72
4 画像や動画の挿入 　79
5 ハイパーリンク 　81

使える技1　キーボードでのスライド操作　72
使える技2　提示する情報を視覚的にまとめる　78
使える技3　図形を動かすのに便利なキー操作　80
使える技4　画像や動画を挿入したPowerPointファイルサイズの圧縮　84

4 テキスト形式 Text File ― 85

1 拡張子とは 　86
2 Word文書をテキスト形式で保存 　88
3 Excelブックをテキスト形式で保存 　91
4 貼り付けのオプション 　96
5 テキスト形式保存の活用例 　99

使える技1　拡張子を常に表示させる利点　88
使える技2　PDFファイルをテキスト形式で保存　91
使える技3　異なる区切り文字のテキストファイル　96
使える技4　Wordで書式設定の手間を省く書式のコピー/貼り付け　99
使える技5　RIGHT/LEFT関数の活用場面　104

5 画像・動画編集ソフト ― 107

1 画像の編集 　108
2 動画の編集 　115
3 動画共有サイトの活用 　125

使える技1　Wordでの画像編集　113
使える技2　動画撮影する時の注意点　125
使える技3　無料の動画再生ソフト　127
使える技4　画像や動画ファイルの拡張子　127

6 オンライン無料素材・サービス ……… 129

1. Google ドライブでファイル共有　　130
2. ソーシャルネットワークサービス（SNS）を利用して　　140
3. Jing を使った学習者向けの動画ヘルプ作成　　144
4. 無料素材の活用　　149

　使える技1　サイズの大きいファイルの共有　139
　使える技2　SNSを利用した授業管理　143
　使える技3　画面録画を利用した問題解決　148
　使える技4　効果的なネット検索　151

7 グラフィック ……… 153

1. グラフィックの2つのタイプ:「ペイント」と「ドロー」　　154
2. ペイント系グラフィック　　155
3. ドロー系グラフィック　　161
4. グラフィックの活用例　　165

　使える技1　グラフィック編集ソフトの活用法　159
　使える技2　図形を描く際のキーの利用　164
　使える技3　オブジェクトを正確に配置するためのグリット線　169

1. ワープロソフト（Word）

　日本語教師の仕事で、一番よく使うソフトと言えば、ワープロソフトでしょう。シラバス、クイズ、試験、教室活動のワークシート作成や、会議資料、論文など毎日使うと言っても過言ではありません。ですから、ワープロソフトを効率的に使えるかどうかで、仕事に費やす時間も大きく変わります。本章では、その代表的なソフトであるMicrosoft社のWordを使って、仕事の負担を減らすために便利な以下の機能を紹介していきます。

- 設定の変更
- タブ
- インデント
- スタイル
- クリップアート
- 変更履歴の記録とコメント
- 検索 / 置換機能
- ルビ
- コンテンツコントロール

1 設定の変更

　まず、これから紹介する機能を試す前に、使っているWordの設定を見直してみましょう。設定を少し変えるだけでも仕事の効率化が図れます。例えば、英文の文書を作成する場合、語間にスペースを入力しなければなりませんが、時々入力し忘れてしまうことがあります。しかし、もしどこにスペースが入っているのかが可視化できれば、入力忘れを減らせるでしょう。図1-1を見ると、日本語と英語の文が1つずつありますが、語間のスペースは見えませんし、改行キーがどこに入っているのかも分かりません。

図 1-1

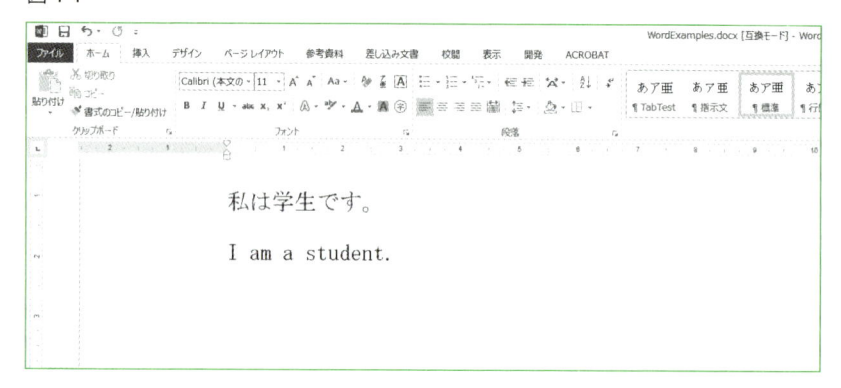

　文書を作成する際に、スペースやタブキー、改行などの編集記号が見えると書式を整えやすいので常に見えるようにしておいた方がいいでしょう。印刷されない編集記号を見えるようにするには、まず［ファイル］タブをクリックします（図1-2）。

図 1-2

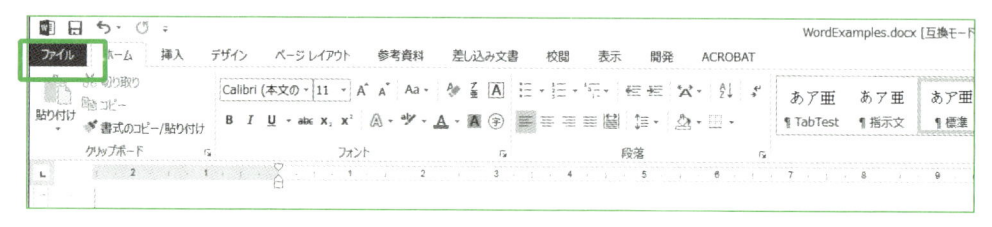

　すると、図1-3の画面になるので、一番下の［オプション］をクリックします。

図 1-3

小さいウィンドウ（図1-4）が開くので、［表示］の中にある［常に画面に表示する編集記号］の［すべての編集記号を表示する］にチェックを入れ、［OK］をクリックします。

図 1-4

チェックを入れた後に図1-1と同じ文書を見てみると、図1-5のように改行マークが「¶」で、スペースが「・」で表示されているのが分かります。

図 1-5

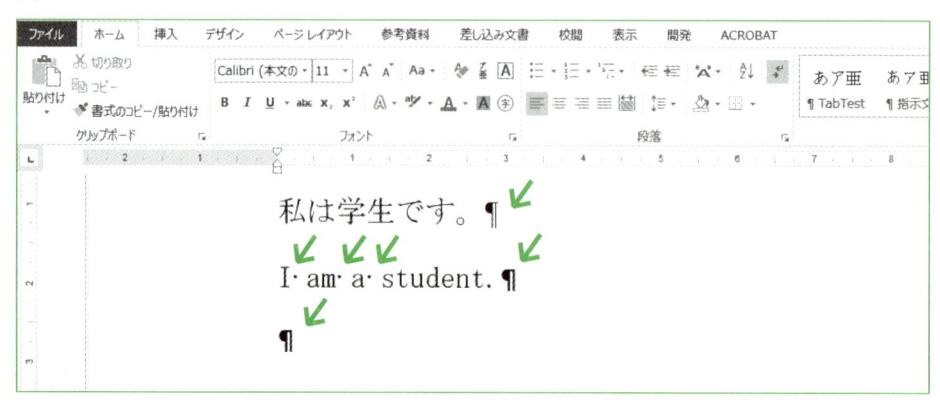

Wordの設定でもう1つ気をつけたいのは、[オートフォーマット]の設定です。例えば、単語リストを作成するために英数字で「1.」と入力しスペースキーを入力した途端、図1-6のように自動的に「番号付きの段落」の書式になってしまうことがあります。しかし、改行して行頭を数字で始めたくない時や、別の書式を使いたいことがあります。そのような時は、[元に戻す]ボタンで元の状態に戻さなければなりません。

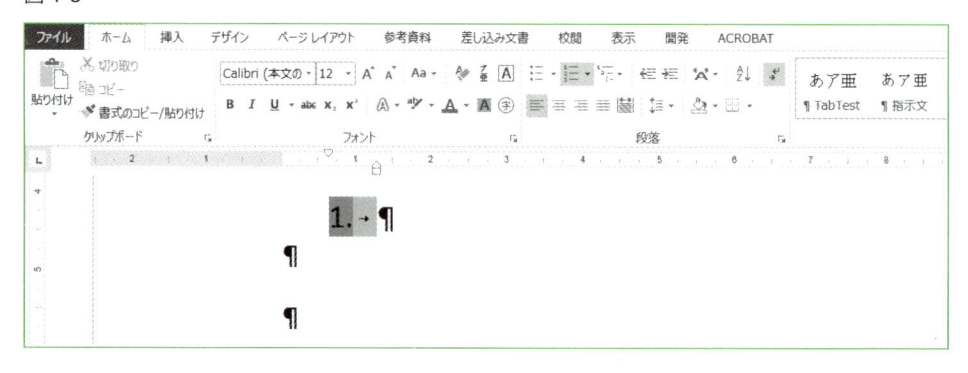

図 1-6

［オートフォーマット］の設定を変更することで、自動的に書式をつけられてしまうことがなくなります。図1-4のWordのオプションから［文章校正］を選び、一番上の［オートコレクトのオプション］ボタンをクリックします（図1-7）。

図 1-7

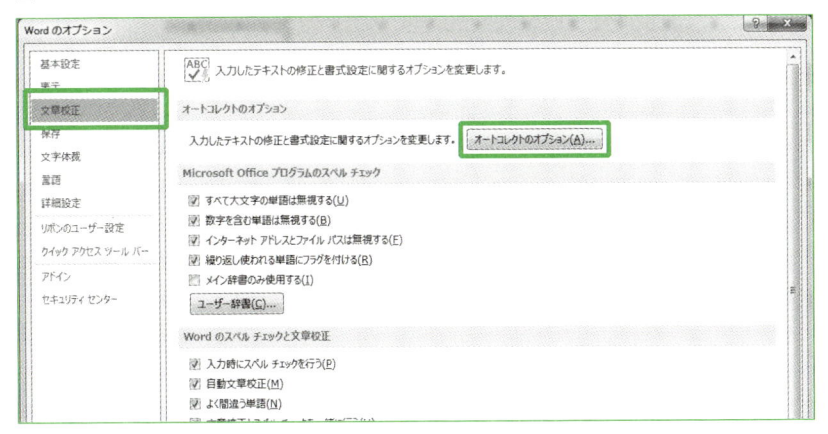

図1-8のようにウィンドウが開きますから、［箇条書き（行頭文字）］と［箇条書き（段落番号）］のチェックを外します。また、後で説明する「タブ」や「インデント」に関係がある［Tab/Space/BackSpaceキーでインデントとタブの設定を変更する］のチェックも外しておきましょう。

図 1-8

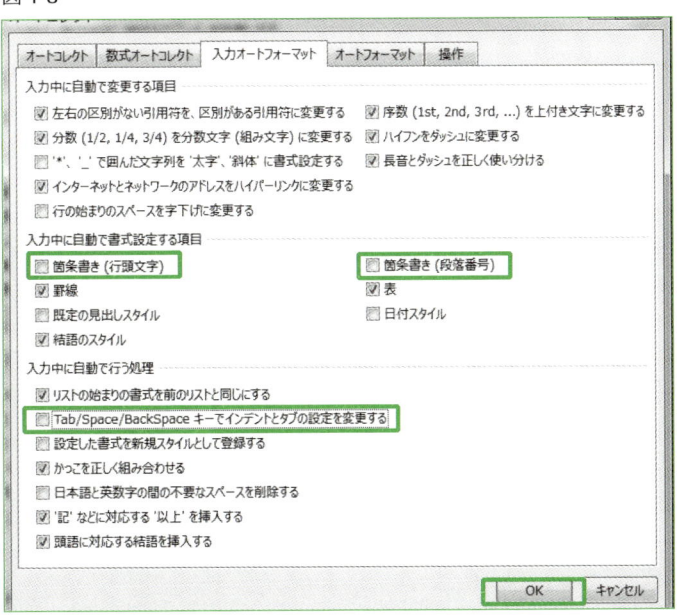

▶ ウェブサイトの関連動画ヘルプ

1. 編集記号の表示
2. オートフォーマットの設定変更

2 タブ

　ワープロソフトを使って文書を作成する時に意外に時間がかかるのが、テキストのフォーマット、つまり、文字の位置を揃えたりフォントのサイズや色を変更して、見やすくすることです。例えば、図1-9のように、日本語、アルファベット、数字を入力すると、テキストがうまく揃わないことがあります。漢字の「授業」とひらがなの「きょうしつ」「じゅぎょう」などが縦の棒線に対して若干ずれているのが分かります。これはスペースキーを連続入力することでテキストを揃えようとしたからです。このようなズレがいくつもあると、試験やクイズ、配布資料の見映えが悪くなってしまいます。

図 1-9

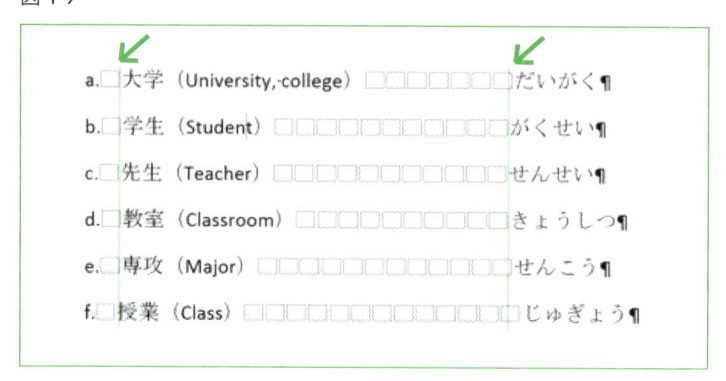

　このようなズレを無くすには、フォーマットの際にスペースではなく「タブ」を用いるのが効率的です。タブは、文書を作成する際に文書の上[1]に見えている「ルーラー」（図1-10の長い丸で囲まれている部分）にタブマーカー（図1-10で小さい丸部分）を置いた後、キーボードの tab キーを入力して使います。

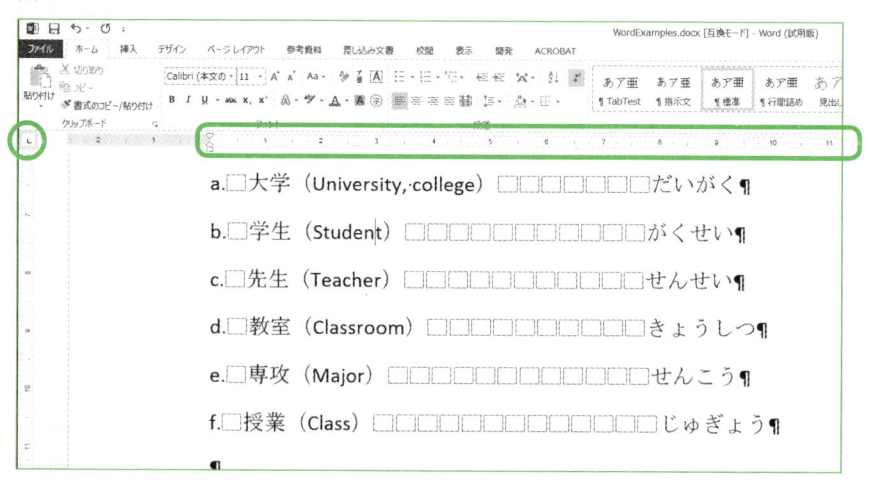

図 1-10

---

[1] ルーラーは文書の左にもありますが、タブ機能には関係ないのでここでは触れません。もし、ルーラーが見えない場合は、「表示」タブの「表示」メニューに「ルーラー」があるのでチェックを入れます。

図1-9のようにテキストを入力し、そのテキストを選択します。そして、テキストを揃えたい位置に合わせてルーラー上にタブマーカーを置きます（図1-11）。タブマーカーは、ルーラー上をクリックするだけで置くことができます。

図 1-11

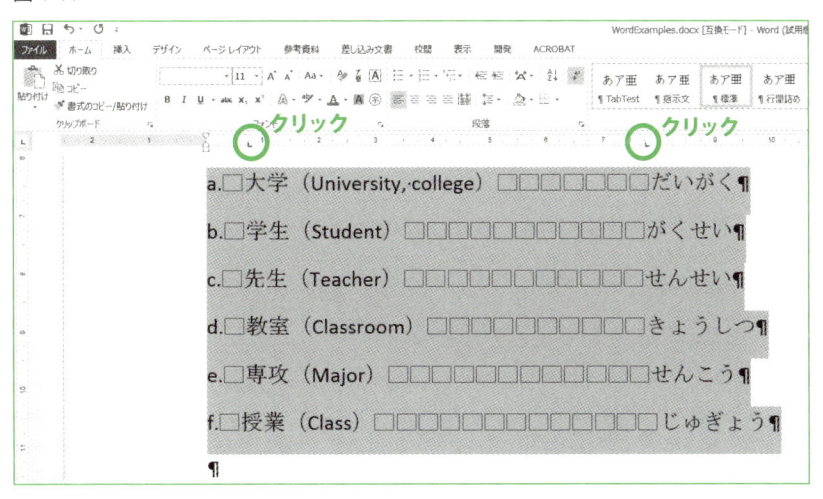

　次に、漢字の前にあるスペースと、ひらがなの前にあるスペースを全て削除し、tabキーを1つずつ入力します。すると、図1-12のようにタブを置いた所を基準にテキストが縦にきれいに揃います。ちなみに、tabキーは「→」で表示されます。

図 1-12

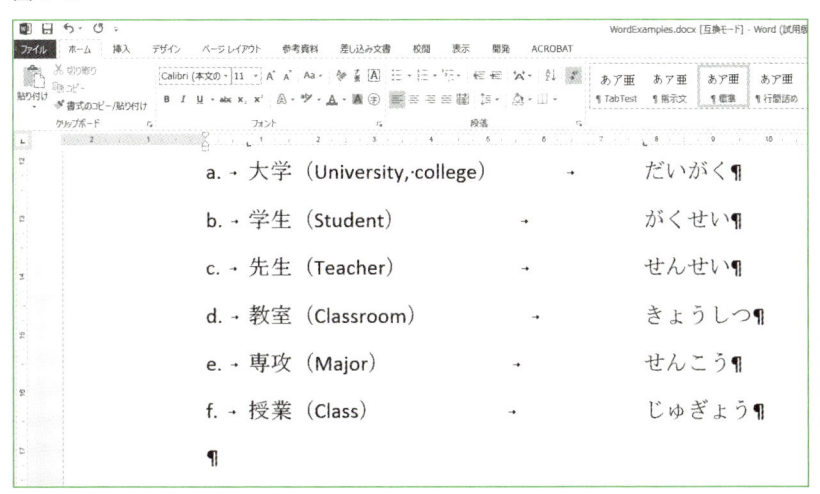

　このタブマーカーには、5種類（右揃え、中央揃え、左揃え、小数点揃え、縦棒）があり、どこを基準にテキストを揃えたいかによって使い分けると、テキストのフォーマットが効率的にでき便利です。以下に例をいくつか紹介します。タブを使う時は、テキストをどのようにフォーマットしたいか、まず頭に思い浮かべます。そして、それに合うようにルーラー上にタブマーカーを置きます。その後、テキストを入力し始めます。

● 右揃えと左揃えを使ったマッチング問題

図 1-13

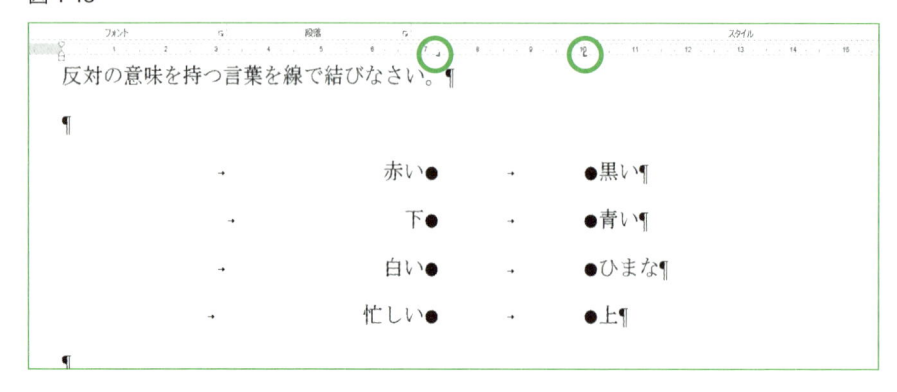

> 反対の意味を持つ言葉を線で結びなさい。
>
> 　　　　　赤い●　　　　●黒い
> 　　　　　下●　　　　●青い
> 　　　　　白い●　　　　●ひまな
> 　　　　　忙しい●　　　　●上

●中央揃えを使った論文著者名と所属機関

図 1-14

> 　　　　山田太郎　　　　　　　　田中花子
> 　　上下大学応用言語学科　　　右左大学大学院日本文学学科
> 　　　　準教授　　　　　　　　　　教授

●小数点揃え[2]と縦棒を使った平均点リスト

図 1-15

> チャプターテスト1　　　　86.3 点
> チャプターテスト2　　　　87.0 点
> 中間試験　　　　　　　　83.5 点
> チャプターテスト3　　　　86.9 点

　タブマーカーの位置を変えたい場合は、ルーラー上のタブマーカーをクリックして揃えたい位置までドラッグします。また、タブマーカーを削除したい場合は、タブマーカーをルーラーから文書の上にドラッグ＆ドロップします。

　タブは、テキストのフォーマットだけではなく、下線を引く時にも利用できます。学生に提出させるクイズや試験、ワークシートなどは、図1-16のように名前や学籍番号を記入させる部分を下線で示すことがあります。

---

[2] 小数点は英数半角を使わないと機能しません。

図 1-16

```
名前：＿＿＿＿＿＿＿＿＿＿＿　　学籍番号：＿＿＿＿＿＿＿＿＿＿＿

下の漢字の読み方を（　　）の中にひらがなで書きなさい。

学生（　　　　　　　）
先生（　　　　　　　）
学校（　　　　　　　）
```

　この下線をどのように引くでしょうか。スペースキーを連続入力してからそのスペースを選択し下線機能を加えたり、アンダースコアキーを連続入力したりしていませんか。どちらの方法でも、図1-16のような下線を引くことができますが、下線の長さを調整したい場合、入力したスペースやアンダースコアを削除したり、再度入力したりしなければなりません。また、下線をいくつも引く場合、いちいちスペースキーやアンダースコアキーを連続入力するのは、意外と時間がかかります。そこでタブを利用すると、効率的に下線を引くことができます。まず、図1-16のように、名前や学籍番号の後にタブキーを入力します。そして、このタブキーを選択し、下線のアイコン（U）をクリックすると一瞬で下線を引くことができ、下線の長さはルーラー上のタブマーカーの位置を動かすだけで自由に変えられます。

▶ **ウェブサイトの関連動画ヘルプ**

1. 基本的なタブの使い方
2. 5種類のタブマーカーの違い
3. タブを使った下線の引き方

使える技 1　複数行にわたってテキスト間のスペースや記号を削除

　テキストとテキストの間に挟まれたスペースや記号などを何行にもわたって削除したい場合は、Altキーを押しながら選択すると、図1-17のように範囲指定をすることができます。

図 1-17

```
a.□大学（University, college）□□□□□□□だいがく
b.□学生（Student）□□□□□□□□□□□がくせい
c.□先生（Teacher）□□□□□□□□□□せんせい
d.□教室（Classroom）□□□□□□□□□きょうしつ
e.□専攻（Major）□□□□□□□□□□□せんこう
f.□授業（Class）□□□□□□□□□□□じゅぎょう
```

使える技 2　Wordでサンプルテキストを表示

　フォーマットを練習する際、何らかのテキストが必要なので、以前作った文書を使ったり、ウェブサイトからコピーしてきたりします。しかし、手持ちの文書ファイルがなかったり、インターネットに接続できない場合は、自分でタイプすることになります。そんな時は新規文書に「=rand（　）」と入力し、括弧内には必要な段落の数を入力して、Enterキーを押します。すると、Wordにあるサンプルテキストが表示されます。ただし、これは［ファイル］タブの［オプション］→［文章校正］→［オートコレクトのオプション］→［入力中に自動修正する］にチェックを入れて有効にしておかなければ機能しません。

3　インデント

　テキストをフォーマットする時に便利な機能として「タブ」を紹介しましたが、もう1つ知っておくと便利な「インデント」という機能があります。
　「インデント」とは、段落の最初の行頭を1文字空けたり、左端と右端の位置を変えたりするために使うものです。図1-18の丸で囲んである部分の小さな三角形をしたインデントマーカーを動かすことで操作します。❶が「1行目のインデント」、❷が「ぶら下げインデント」、❸が「左インデント」、そして、❹が「右インデント」です。

図1-18

　例えば、日本語であれば、段落の行頭は1文字分空けることが多いですが、スペースを1つ入力することで行っている人が多いのではないでしょうか。段落が1つであれば問題ありませんが、複数になった場合、スペースを入れ忘れてしまうということがよく起こります。しかし、インデントを使えば忘れることはありません。
　段落の行頭を1文字空ける場合は、図1-18の❶（1行目のインデントマーカー）にカーソルを持って行き、クリックしたまま1文字分右にドラッグします（ずらします）。すると図1-19のように段落の行頭が1文字空きます。そこにはスペースやタブといった編集記号は何も入っていません。

図 1-19

　1行目のインデントマーカーは、段落の第1行目のフォーマットを決める時に使います。インデントは、改行してもそのフォーマットが失われることはないので、1文字空け忘れることはなくなります。1文字空けたくない時、つまり、改行した時にインデントマーカーを元の位置に戻したい時は、Shiftキーを押しながらEnterキーを押します。

　次に、図1-18の❷（ぶら下げインデントマーカー）は、段落の第2行目以降のフォーマットに使います。例えば、図1-20のように、2行目以降を「：」のあとで揃えたい時には、このインデントマーカーを動かします。❷と❸のインデントマーカーが同時に動きます。

図 1-20

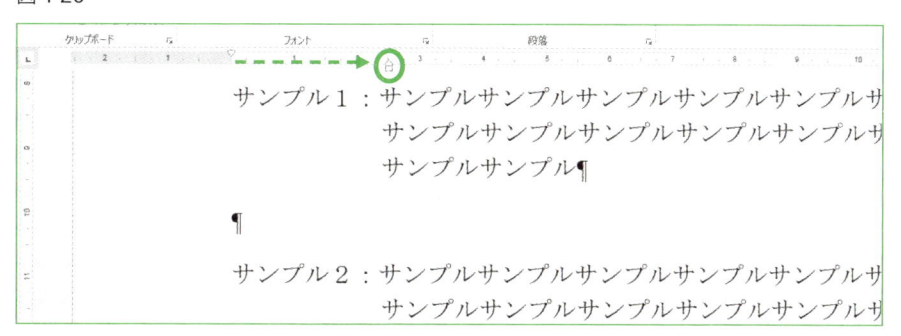

　図1-18の❸（左インデントマーカー）を動かすと、❶と❷のインデントマーカーが同時に動くので、左端の位置をずらしたい時に使います。最後に、図1-18の❹（右インデントマーカー）は、右端の位置をずらしたい時に使います。例えば、試験問題で図1-21のように本文の部分だけ左端と右端の位置が若干中央寄りになっているフォーマットを見かけることがありますが、このような場合には❸と❹のインデントマーカーが便利です。

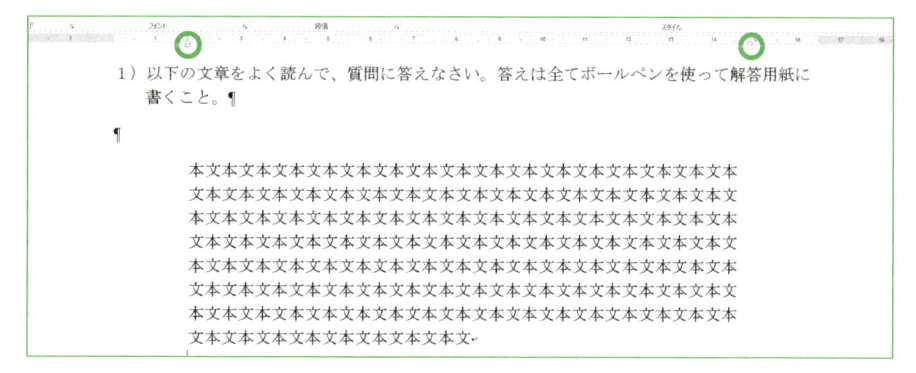

図 1-21

インデントの位置はそれぞれの段落で決めることができるので、段落単位でテキストのフォーマットができます。また、インデントを使わずに入力したテキストを全部同じようにフォーマットしたければ、全てのテキストを選択してインデントマーカーを動かすことで、簡単にフォーマットすることができます。

▶ **ウェブサイトの関連動画ヘルプ**

1. 基本的なインデントの使い方
2. 3種類のインデントマーカーの違い

使える技 3　タブやインデントの調整単位を変更

テキストのフォーマットをする時に、タブマーカーやインデントマーカーを少しだけ動かして微調整したいことがあります。そんな時は、Altキーを押しながらタブマーカーやインデントマーカーを動かすと、0.01字単位で調整することができます。図1-22は、Altキーを押しながらインデントマーカーを動かしているところです。

図1-22

4　スタイル

クイズやテスト、教室活動シートなどを作成していると、同じフォーマットを使うことが多いのではないでしょうか。このようなよく使うフォーマットを「スタイル」として登録することができます。登録されたスタイルは、何のフォーマットもされていないテキストに適用することで、簡単にフォーマットができるので、いちいちタブマーカーをルーラー上に置いたり、インデントマーカーを動かす必要がなくなり、時間の短縮につながります。

まず、登録したいフォーマットが使われているテキストにカーソルを動かし、Wordの［ホーム］タブにある［スタイル］の右下にある斜め矢印をクリックします（図1-23）。ウィンドウが開くので、その中から［新しいスタイル］を選びます（図1-24）。

図 1-23

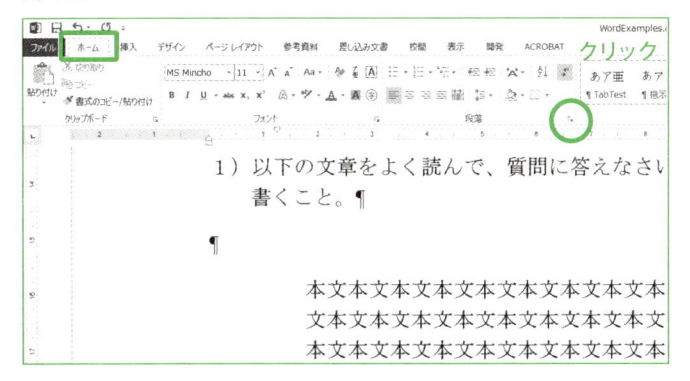

図 1-24

すると、また別のウィンドウが開きます。そのウィンドウには、どのようなフォーマットを登録しようとしているのか詳細と例が出ます（図1-25）。図1-25の点線の四角で囲まれている部分が、フォーマットの詳細です。そのすぐ上を見ると、フォーマットをされたテキストが黒字で表示されています。フォーマットに間違いがなければ、一番上の丸で囲まれている部分に、フォーマットの名前を付けます。この例では、試験問題の指示文のフォーマットに使いたいものなので「指示文」と名前を付け、［OK］をクリックします。すると、［指示文］というスタイルが登録されているのが確認できます（図1-26）。

図 1-25

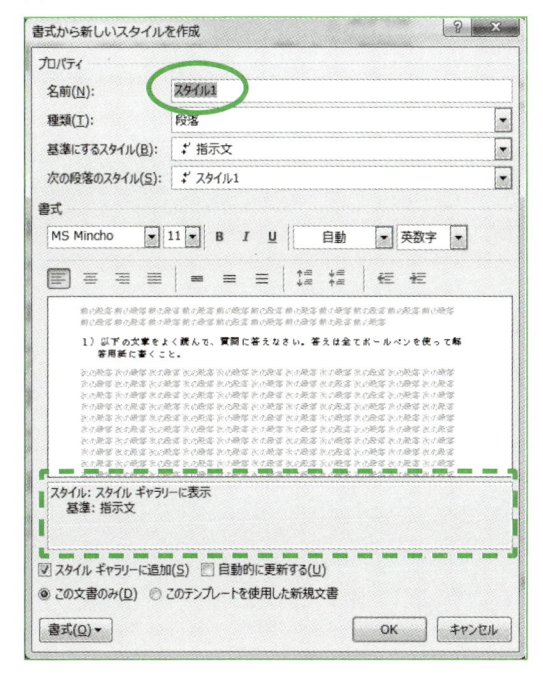

図 1-26

このスタイルを使うためには、フォーマットしたいテキストにカーソルを動かし、Wordの［ホーム］タブにある［スタイル］の中から［指示文］というスタイルを選んでクリックすると、自動的にテキストがフォーマットされます。スタイルを活用することによって、クイズや試験、配布資料のフォーマットも、これまでより少ない時間でできるようになります。

▶ ウェブサイトの関連動画ヘルプ
1. スタイルの使い方

使える技 4　　長い文字列の選択方法

テキストをコピーするために広い範囲を選択しなければならない場合、左クリックを押しながらマウスをドラッグしている最中にクリックしている指が離れてしまい、何度も始めの箇所に戻らなければならないことがあると思います。そんな時は、指定したい範囲の先頭にカーソルを動かし一度クリックします。そして、Shiftキーを押しながら選択範囲の一番最後の位置をクリックします。これで広い範囲も比較的簡単に選択することができます。

5　クリップアート

これまで、テキストのフォーマットについて説明しましたが、絵や図を挿入した時のフォーマットもうまくいかないことがあります。配布資料や試験などを作成する時に、クリップアートを挿入することがありますが、「挿入した絵の周りにテキストが表示できない」、「絵を好きな位置に入れることができない」という声をよく聞きます。これは、クリップアートだけではなく、挿入した画像にも当てはまることです。

まず、何かテキストをタイプし、その真ん中辺りにクリップアートを挿入[3]してみましょう。例えば図1-27のようなものです。

図1-27

---

[3] クリップアートは、［挿入］タブの［図］にある［画像］（自分のコンピュータに保存されている画像を使う場合）か［オンライン画像］（インターネットを使って、画像を検索し使う場合）を選択することで挿入できます。

この絵のまわりにはテキストがなく、空白ができてしまっていますが、新聞や雑誌のように絵のまわりにもテキストを表示したいという場合があります。そのためには、挿入した絵のフォーマットを変更しなければなりません。まず、絵を一度クリックすると、図1-28のように図ツール（書式）タブが現れます。そのメニューの中の［文字列の折り返し］をクリックします。

図 1-28

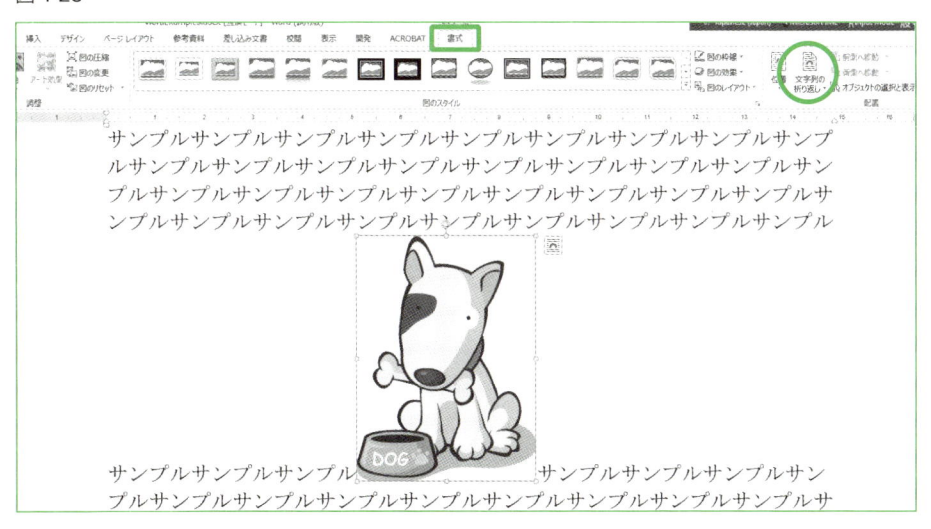

　すると、挿入したクリップアートに対して文字をどのように折り返すか選ぶことができます。図1-29のように［外周］をクリックすると、クリップアートを取り囲むような形で文字が折り返されます。

図 1-29

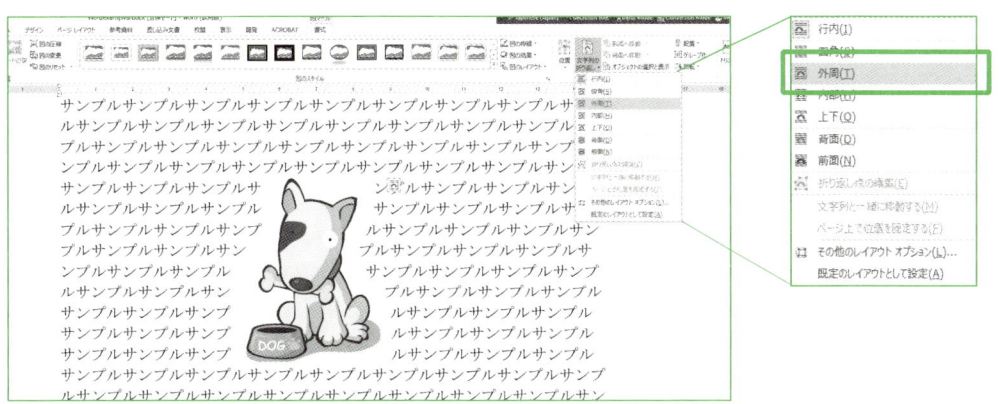

▶ **ウェブサイトの関連動画ヘルプ**

1. クリップアートや画像の挿入
2. 文字列の折り返しの違い

使える技 5　正方形や正円形の挿入

　Wordの図形の挿入機能を使って正方形や正円形を挿入したい場合、目測ですることが多いのではないでしょうか。完全な正方形や正円形にするためには、Shiftキーを押しながら四角形や円を挿入すると、正方形や正円形になります。

6　変更履歴の記録とコメント

　テクノロジーの進歩によって、最近では学生に手書きの作文ではなく、コンピュータでタイプしたデジタルファイルをメールに添付して送ってもらうことも多くなってきました。添削する教師の側も、ファイルをいちいちプリントアウトするのではなく、ファイルに直接コメントや誤用訂正をすることが多いのではないでしょうか。

　「ペンと原稿用紙」の場合、色ペンを使って教師が添削しても学生が最初に書いたものは残ります。一方、デジタルファイルの場合、本文とは異なる色のフォントを使って添削しようとすると煩雑になり、学生に分かりやすく誤用訂正やコメントをするのがなかなか難しいものです。

　そこで便利な機能が［変更履歴の記録］と［コメント］です。［変更履歴の記録］は、元々のテキストの一部を削除したり、新しい文を追加したりすると、変更内容が記録されるものです。図1-30のように、［校閲］タブをクリックすると［変更履歴の記録］というメニューがあります。その中の［変更履歴の記録］をクリックします。

図1-30

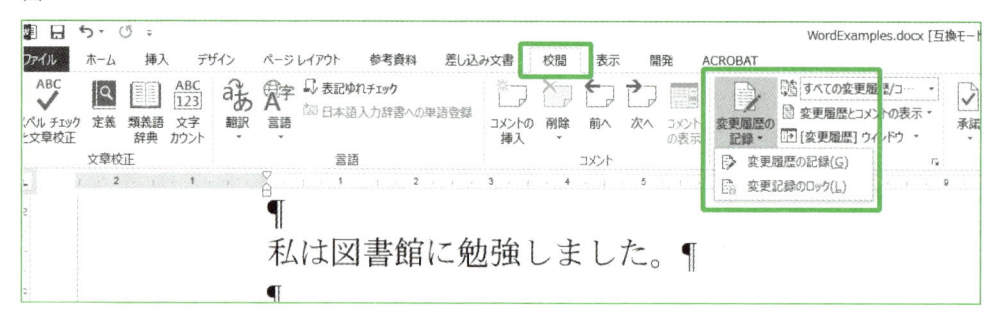

　その後、例の「図書館に」を「図書館で」と変更を加えると、図1-31のように変更内容が記録され、文書の左横に縦線が現れ変更が加えられたことが示されます。また、図1-31の丸で囲まれた部分を変更することによって、変更履歴の表示方法を設定することができます。

図 1-31

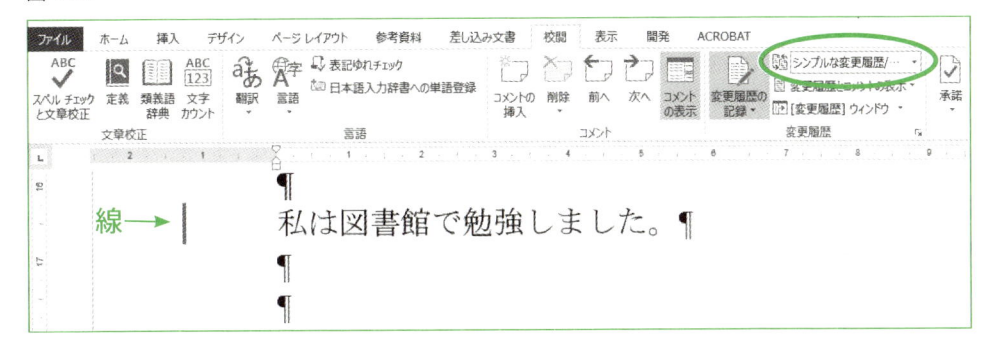

設定を［すべての変更履歴/コメント］と［変更履歴を吹き出しに表示］にすると、図1-32のように表示され、誰がいつどのように変更したのかが分かります。

図 1-32

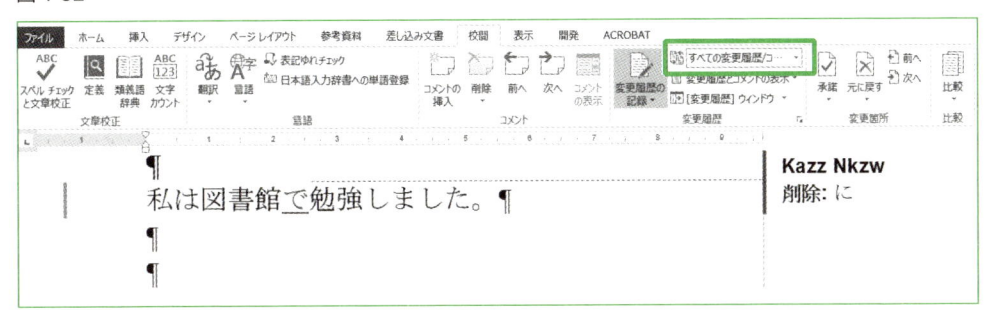

変更履歴を使えば、学生にも教師がどこに誤用訂正を加えたのかが一目で分かりやすいでしょう。変更箇所は、その変更を承諾するか、変更前の状態に戻すことができます。図1-33の［次へ］をクリックすると、最初の変更箇所が選択されるので、承諾する場合は図1-33の丸で囲われているボタンをクリックします。破線の丸で囲われている矢印をクリックすると、全ての変更箇所を承諾することもできます。

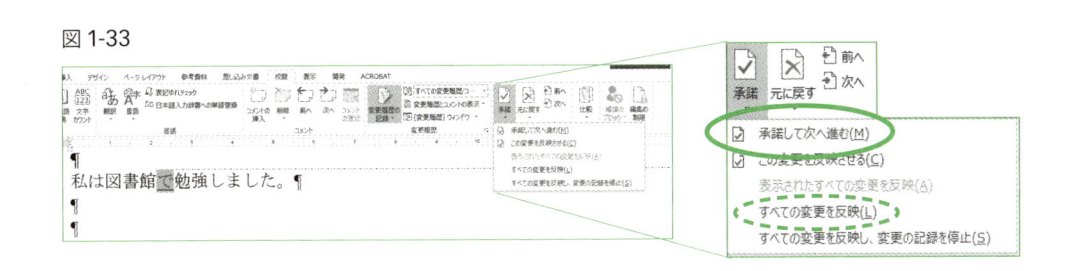

図 1-33

この変更履歴の記録は、教師が学生の作文に直接誤用訂正する場合に便利な機能ですが、教師の中には「直接答えを教えるのではなく、ヒントだけ与えたい」という人もいるでしょう。その場合に便利なのが［コメント］機能です。［コメント］は、削除や追加といった変更を教師が直接加えるのとは違い、任意の箇所にコメントだけを加えるものです。変更履歴と同じように、［校閲］タブを選ぶと［コメント］メニューがあります（図1-34）。

図1-34

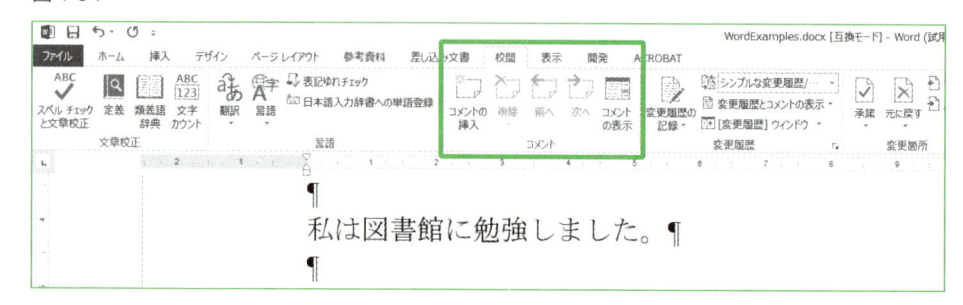

　コメントを付加したい箇所を選択し、メニューの中の［コメントの挿入］をクリックすると、文書の右側に吹き出しが現れ、その中にコメントを加えることができます（図1-35）。コメントが付いたファイルを受け取った学生は、そのコメントに基づいて作文を見直し修正することができます。

図1-35

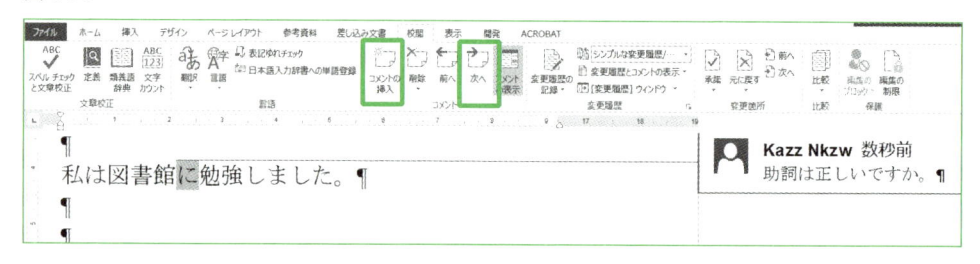

　付加されたコメントは、削除することができます。図1-35の［次へ］というボタンを押すと、文書中の最初のコメント箇所が選択されます。そして、［削除］をクリックすると、そのコメントを削除することができます。
　［変更履歴の記録］と［コメント］、2つの機能は目的に応じて使い分けると、学生の作文により効果的なフィードバックができるでしょう。変更履歴の場合、教師が誤用訂正や修正を直接加え、学生はその変更をボタンを押すだけで承諾できてしまいます。一方、コメントの方は、教師は内容に関するコメントや誤用に対するヒントを与えることができるので、学生は自ら考え修正しなければなりません。ですから、学生自身で訂正できないような間違いには［変更履歴の記録］を、そして、学生が自分で間違った箇所に気づき正しく訂正できそうな間違いは［コメント］を使うことでより教育的添削ができると言えます。

▶ **ウェブサイトの関連動画ヘルプ**
1. 変更履歴の使い方
2. コメントの挿入の仕方

使える技 6　マウスの無駄な動きを減らすショートカット

　ワープロソフトを使ってクイズや試験などを作成している時、「コピペ」（コピー＆貼り付け）をよく使うのではないでしょうか。皆さんはどのようにこのコピペをしているでしょうか。Wordのリボンの中から「コピー」や「貼り付け」ボタンをクリックしている人も多いと思います。間違いではありませんが、マウスをいちいち動かす手間がかかります。そこで「ショートカット」と呼ばれるキーボード操作でコピペをすると、マウスを動かすことなく手軽にできます。使い方は、これまでマウスを使ってしていたことを下のキーボード操作（ショートカットキー）で行うだけです。

　Ctrl+A＝全選択
　Ctrl+C＝コピー
　Ctrl+V＝貼り付け
　Ctrl+X＝切り取り
　Ctrl+Z＝元に戻す
　Ctrl+Y＝繰り返し（最後に行った操作を繰り返す）

7　検索/置換機能

　コンピュータでタイプされた学生の作文を添削していると、同音異義語の漢字変換間違いを目にすることがあります。学習者の作文ファイルの中にある同じ誤字を見落とさずに探すのは意外と大変な作業ですが、そんな時は、［検索］機能が便利です。［ホーム］タブを選ぶと、一番右側に［検索］ボタンがあります（図1-36）。

図1-36

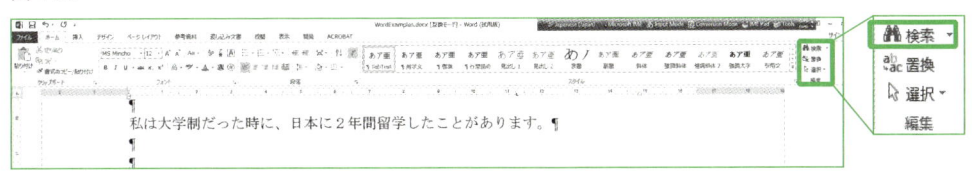

　［検索］ボタンをクリックすると、ナビゲーションウィンドウが文書の左側に開きます。その空欄部分に検索したい文字列を入力します。例では、「大学制」という誤用を入力し

ました。すると、図1-37のように該当する箇所がハイライトされて示されます。これによって、文書の中から指定した文字列を見落とすことなく探すことができます。

図 1-37

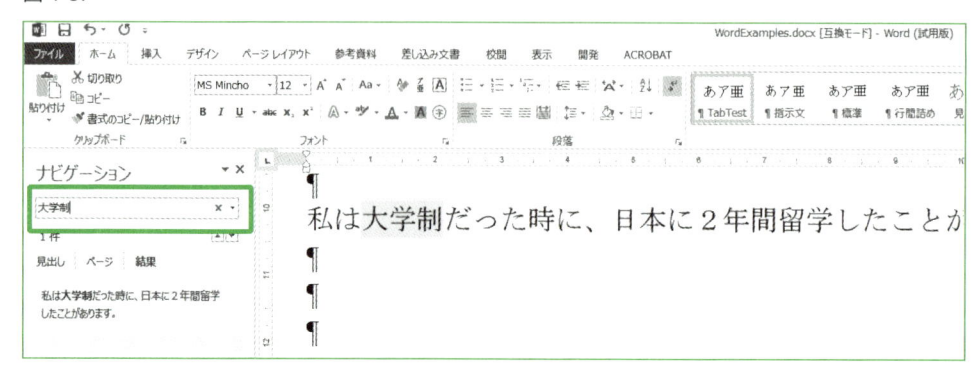

　また、文字列を検索する時だけではなく、その文字列を別の文字列と置き換えたい時には、［置換］を使います。図1-36の［検索］タブのすぐ下にある［置換］ボタンをクリックすると、ウィンドウが開くので、［検索する文字列］に検索したい文字列を入力し、その下の［置換後の文字列］に置き換えたい文字列を入力します。つまり、「大学制」という文字列を「大学生」に置き換えることになります。

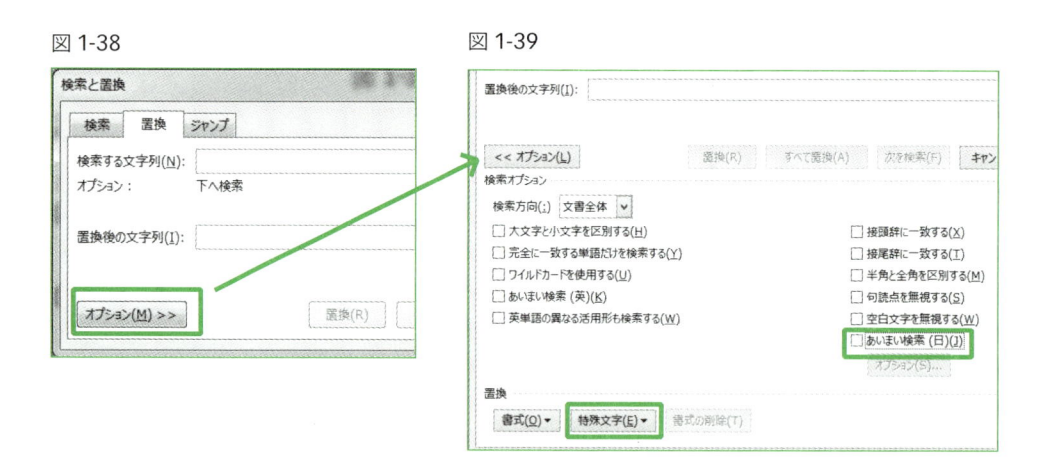

図 1-38

図 1-39

　［置換］機能は、文字だけではなく編集記号を検索し置換することもできます。ですから、不必要な改行マークを削除するというようなこともできます。例えば、読み物教材としてメールやウェブサイトのテキストをコピーして文書に貼り付けた時に、不必要な改行がたくさん入ってしまうことがあります。その改行マークを1つ1つ削除していくと結構手間がかかります。そんな時には、図1-38の［オプション］をクリックします。すると、図1-39のように検索オプションが表示されます。その中の［あいまい検索］のチェックを外し、［検索する文字列］にはウィンドウの一番下にある［特殊文字］をクリックしてから［段落記号］を選びます。そして、［置換後の文字列］は空欄にして置換します。すると、一気に改行マークを削除することができます。

▶ ウェブサイトの関連動画ヘルプ
1. 検索 / 置換機能の使い方
2. 編集記号の検索 / 置換の仕方

使える技 7　クリックで効率的な文字列選択

　ある語句を選択したい場合、マウスで語句の最初から最後までを選択するのが一般的ですが、語句の上にカーソルを動かしダブルクリックすると、1つの語句が選択できます。ちなみに、トリプルクリック（3回連続でクリック）すると、その語句がある段落を選択できます。

8　ルビ

　最近の教科書では、横書きの文章にルビをつける場合、下にルビを付けることが多くなってきているようです。これは、学習者が読む時に、漢字の下に付いたルビを手や紙で隠して、漢字の読み方を練習できるからだと考えられます。

　Wordで漢字の言葉にルビをつけた場合、通常上に表示されますが、これを下に表示させたい場合は［フィールドコード］を変更します。まず、ルビをつけたい漢字に通常の方法[4]でルビを付けます。そして、上にルビがついた漢字を選択し右クリックし、［フィールドコードの表示/非表示］を選択します（図1-40）。

図1-40

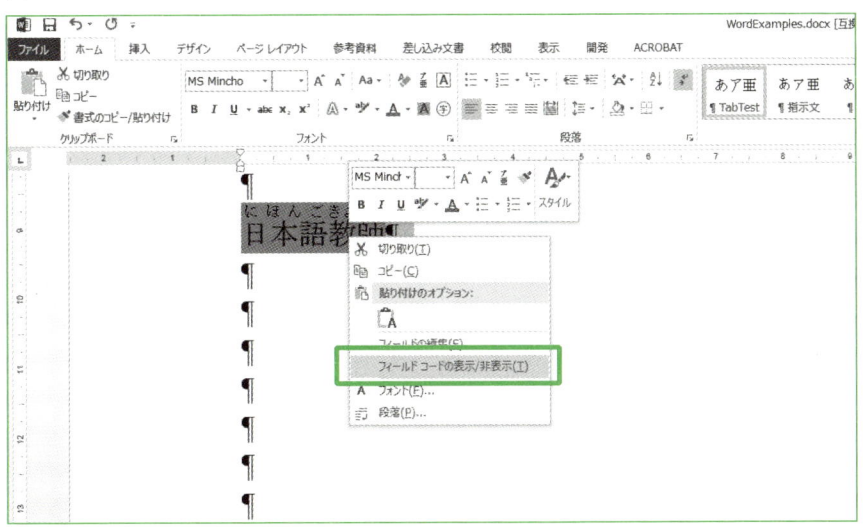

---

[4]　通常のルビの付け方は、ルビを付けたい漢字を選択し、［ホーム］タブの［フォント］にある「亜」という漢字の上にカタカナの「ア」が表示されているボタン ［亜］ をクリックします。

フィールドコードを表示させると、図1-41のようなコードが現れるので、その中の「up」という部分を英語のdownを意味する「do」に変更し、再度右クリックして［フィールドコードの表示/非表示］を選択すると、ルビが下に表示されます。

図 1-41

```
¶
{EQ ¥* jc2 ¥* "Font:MS Mincho" ¥* hps12 ¥o¥ad(¥s¥do 11(にほんごきょうし),日本語教師)}¶
                                                        変更
¶
¶
```

ちなみに、同じ方法を使えば、ルビの色やサイズを変えたりすることもできます。同様にフィールドコードを表示させ、括弧内に表示されているルビを選択し、フォントの色やサイズを図1-42のように直接変えます。この例では、フォントの色を赤に、サイズを10ptsに変えました。

図 1-42

```
¶
{EQ ¥* jc2 ¥* "Font:MS Mincho" ¥* hps12 ¥o¥ad(¥s¥do 11(にほんごきょうし),
日本語教師)}¶
¶
¶
```

そして、再度右クリックしてフィールドコードを非表示にすると、図1-43のようにルビの色やサイズが変わります。

図 1-43

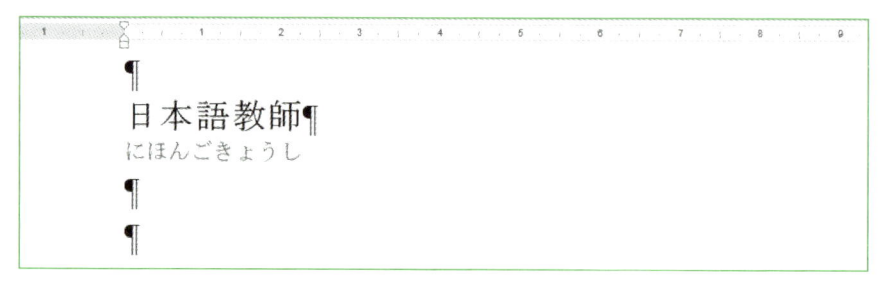

```
¶
日本語教師¶
にほんごきょうし
¶
¶
```

全てのルビを下につける場合は、まず、テキスト全体を選択し右クリックします。そして、［フィールドコードの表示/非表示］を選びます。次に、置換機能[5]を使って「up」を「do」に全部変更します。テキストの中にupやdoが使われている場合は、それも変更されてしまうので、検索する語を「¥up」にし、「¥do」に変更するといいでしょう。

5　検索/置換機能の節を参照

▶ ウェブサイトの関連動画ヘルプ
1. ルビを漢字の下に表示する方法

使える技 8　日本語入力中の半角スペース入力

　日本語で入力している時に、半角スペースを入力したい場合があります。その都度「半角/全角」キーで切り替えたり、英語入力にしたりするのは面倒なので、Shiftキーを押しながらSpaceキーを入力すると、半角スペースが入力できます。

9　コンテンツコントロール

　日本語を教えていると、アンケートを使って学生の意見を聞いたり、メールアドレスや出身国などの個人情報を集めたりすることがあります。しかし、授業時間は限られているため、授業時間外で答えてもらいたいですが、アンケート用紙を準備するとなると、紙やトナーの費用や、学生がアンケートを紛失してしまうといった問題が起こります。そこで、メールにアンケートのファイルを添付し、そのファイルに直接回答を入力してもらうことがあります。そのようなアンケートによく用いられるチェックボックスですが、直接チェックを入れることができないので、何か別の記号を使って回答を表さなければなりません（図1-44）。また、下線の部分に直接回答を自由記入する場合でも、図1-44のように回答には線が付かず、下線が押し下げられてしまった経験があるのではないでしょうか。

図1-44

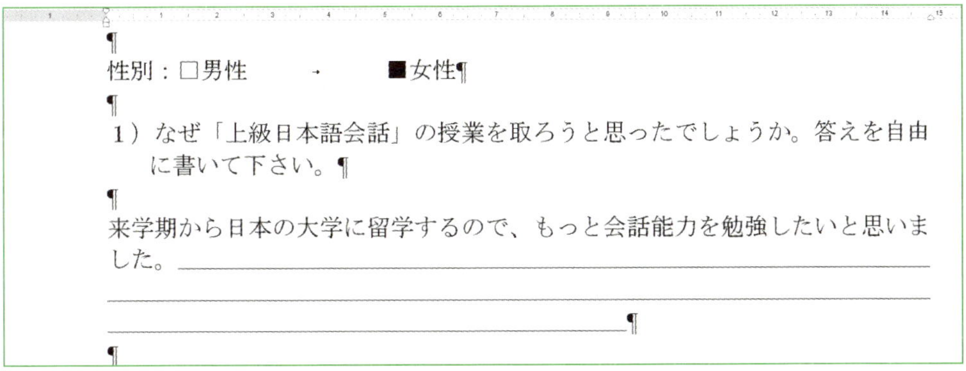

```
性別：□男性　　　→　　　■女性¶
¶
1）なぜ「上級日本語会話」の授業を取ろうと思ったでしょうか。答えを自由
　　に書いて下さい。¶
¶
来学期から日本の大学に留学するので、もっと会話能力を勉強したいと思いま
した。_____
_____¶
¶
```

　アンケートは、なるべく学生の負担にならないように簡単に入力できるものを作成し、回答数も増やしたいでしょう。そんな時は、［コンテンツコントロール］機能が便利です。この機能を使うためには、［開発］タブが表示されていなければなりません。しかし、デフォルトでは、Wordのリボンに［開発］タブは表示されていません（図1-45）。

図 1-45

そこで、Wordの［ファイル］タブをクリックし、画面左側に表示されるメニューの中から［オプション］を選択します。すると、［Wordのオプション］ウィンドウが開くので、［リボンのユーザー設定］を選び、右側にある［リボンのユーザー設定］の中から［開発］にチェックを入れ、［OK］をクリックします（図1-46）。

図 1-46

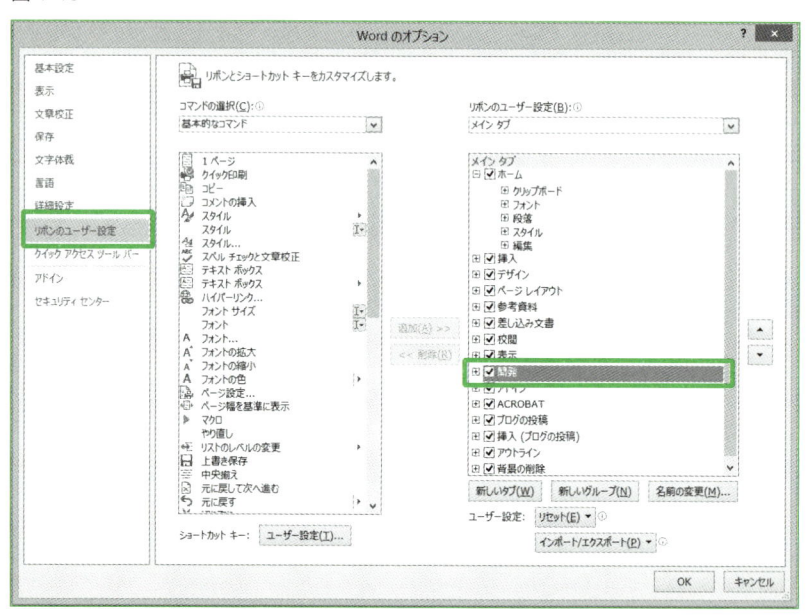

［開発］タブの［コントロール］メニューを見ると、［コンテンツコントロール］機能があります（図1-47）。

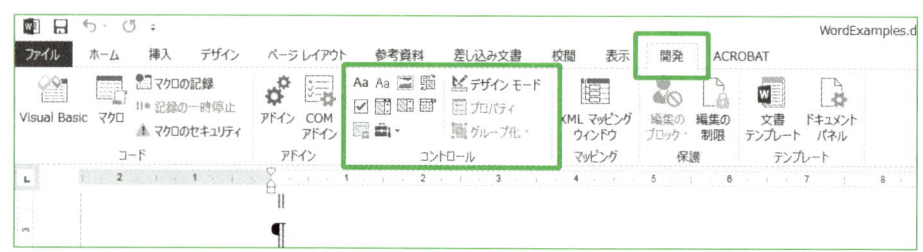

図 1-47

ここでは［テキスト］、［チェックボックス］、［ドロップダウンリスト］の３つを使ってみます。コンテンツコントロールを挿入したい箇所にカーソルを置き、使いたいコンテンツコントロールボタンをクリックすると挿入されます。図1-48のように、テキストは、自由回答してもらいたい所に挿入します。「ここをクリックしてテキストを入力してください。」という記入欄が現れます。この記入欄は、入力する答えによって長さが変化していくので１つだけ挿入します。チェックボックスとドロップダウンは多肢選択の回答に使います。チェックボックスは複数選択ができますが、ドロップダウンは１つしか回答を選択できません。

図1-48

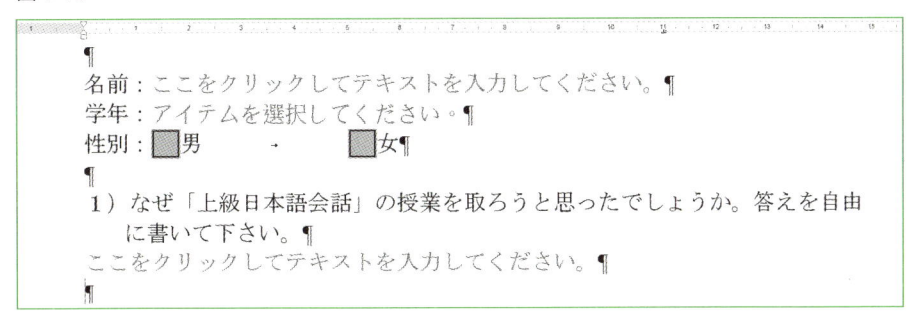

```
名前：ここをクリックしてテキストを入力してください。
学年：アイテムを選択してください。
性別：■男　　　　■女

１）なぜ「上級日本語会話」の授業を取ろうと思ったでしょうか。答えを自由
　　に書いて下さい。
ここをクリックしてテキストを入力してください。
```

一つ注意が必要なのは、ドロップダウンリストを使う時です。図1-48の中の「学年」の横にあるものです。「アイテムを選択してください。」とあるので、クリックした時に選択肢が表示されなければなりません。選択肢を入力するためには、［開発タブ］＞［コントロール］＞［プロパティ］を選んでください（図1-49）。すると、選択肢を追加するためのウィンドウが開きますから、［追加］というボタンをクリックします。

図1-49

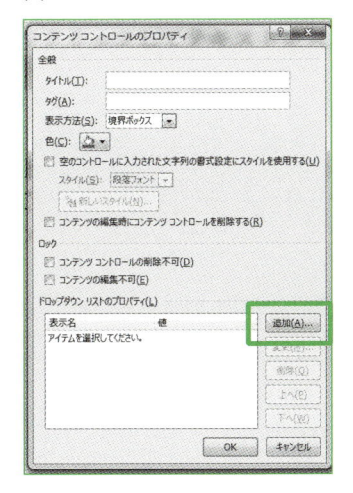

［選択肢の追加］というウィンドウが開きますから、［表示名］という欄に選択肢を入力します（図1-50）。［値］という欄には、自動的に［表示名］と同じ文字列が入力されます。そして、その右側に選択肢のリストが表示されます。図1-50では、すでに１年生、２年生、３年生と入力してあり、最後の４年生を追加しようとしているところです。

図 1-50

　全ての選択肢を追加し終えたら［OK］をクリックします。そして、選択肢が表示されるか確認するため、ドロップダウンリストの黒い下向き矢印をクリックしてみると、選択肢が表示されます（図 1-51）。

図 1-51

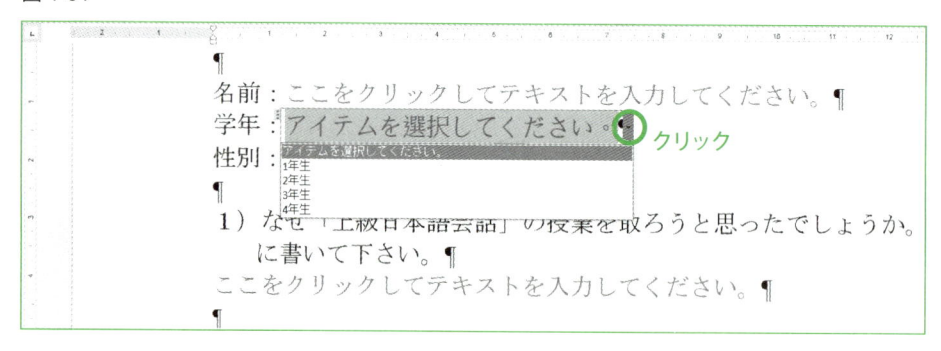

　これでコンテンツコントロールの挿入は終わりです。しかし、この状態だと、回答記入欄に答えを直接記入ができないですし、チェックボックスにチェックを入れることもできません。回答を記入したり選択したりできるようにするには、文書に［編集の制限］をかけなければなりません。制限をかけることで、コンテンツコントロールの部分のみ編集可能になり、それ以外の指示文や質問の部分は編集ができないようになります。
　［編集の制限］は、［開発］タブ >［保護］にあります（図 1-52）。

図 1-52

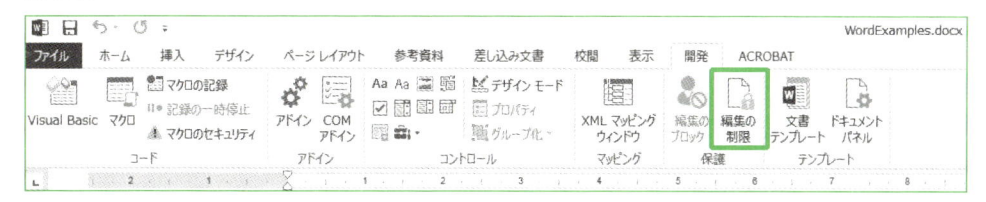

［編集の制限］ボタンをクリックすると、［編集の制限］というナビゲーションウィンドウが現れます（図1-53）。その中の［2.編集の制限］にチェックを入れ、［フォームへの入力］を選びます。そして、［3.保護の開始］の［はい、保護を開始します］というボタンをクリックすると、パスワードを設定するウィンドウが開きますが、特に必要なければパスワードは空欄のまま［OK］ボタンをクリックします。これで、文書に保護がかかります。こうすると、コンテンツコントロールの部分には入力ができるようになり、それ以外の部分は何も変更できないようになります。

図 1-53

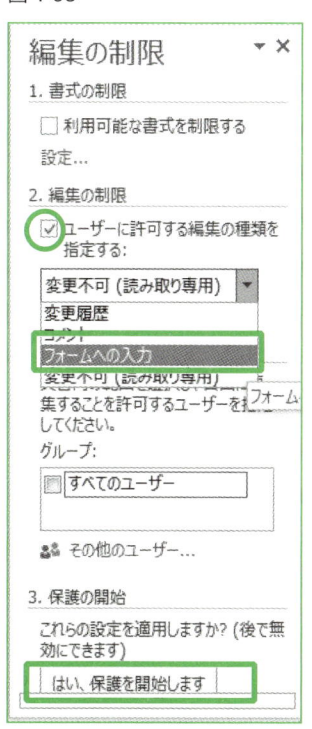

この機能は、アンケートだけではなく、復習ワークシートや宿題をメールで学生に送り、家で回答をして提出してもらう場合にも使えるでしょう。自分が教えている授業でどのように使えるか考えてみると、意外な活用方法が見つかるかもしれません。

▶ ウェブサイトの関連動画ヘルプ

1. コンテンツコントロールの使い方

使える技 9　ルーラーの長さの単位を変更

　教えている地域によって、長さの単位が「cm」ではなく「インチ」の場合があります。そのような地域では、Wordのルーラーの単位も「インチ」にしておいた方が、使いやすいでしょう。ルーラーの単位を変えるには、[ファイル]タブから[オプション]（図1-3）を選択します。小さいウィンドウが開くので、[詳細設定]の中の[表示]を見ると、[使用する単位]という項目があるので、[インチ]を選びます（図1-54）。

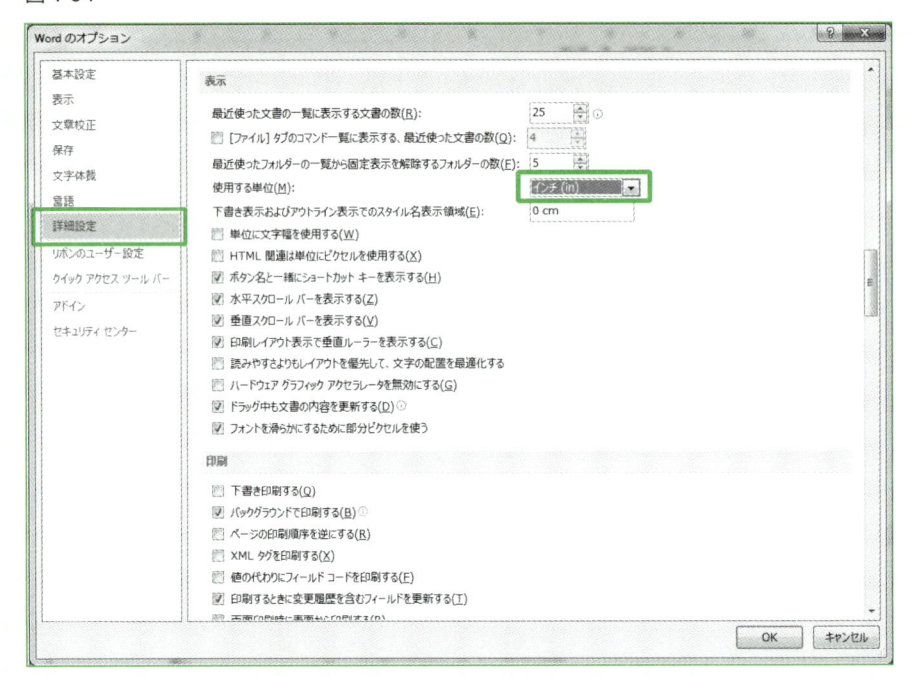

図1-54

2. 表計算ソフト（Excel）

　日本語教師の仕事は、試験や配布資料を作る際にテキストを扱うだけではなく、学生の成績記録や試験の平均点の算出など、数字を扱うこともよくあります。その時に活躍するのが表計算ソフトです。本章では、成績の記録・管理を効率的に行うための関数や学生の成績を基にした並べ替えなどを紹介します。また、表計算ソフトは、数字だけではなく語彙リストのような文字情報を扱う時にも便利で、データベースのように活用することもできます。例えば、表計算ソフトで作成した単語リストから、任意の単語だけを表示させることができます。そこで、本章では、Microsoft社のExcelを使って以下の機能を紹介します。始めは操作に戸惑うかもしれませんが、焦らずに取り組んで、表計算ソフトの便利さを学んで下さい。

- 成績の記録・管理
- セルの書式設定
- 並べ替えとフィルター
- ふりがなの表示/非表示
- フォームコントロール

1　成績の記録・管理

　日本語教師がよく表計算ソフトを使うのは、学生の成績を記録・管理する時です。皆さんの中には、教えている教育機関や知り合いの先生が表計算ソフトで作成した成績表をひな型（テンプレート）として成績管理を行っていて、自分では最初から作ることができない人がいるかもしれません。そこで、表計算ソフトを使ってどのように成績を記録・管理できるのか紹介します。

　まず自分が教えている授業の成績基準を整理してみましょう。ここを間違えると、表計算ソフトを使っても正しい成績が出ないので重要です。例えば、下のような形で書き出してみるといいでしょう。

種類	回数	全体に占める割合
授業参加態度	15	20%
単語・漢字クイズ	10	15%
宿題	15	15%
中間試験	1	20%
期末試験	1	20%
口頭試験	1	10%
出欠	0	欠席 −3%、遅刻 −1%

レターグレード[1]　90点以上はA　80点以上はB　70点以上はC　それ以外はF

　次に表計算ソフトを起ち上げます。すると、図2-1のような白紙の表計算シートが開きます。行が数字で、列がアルファベットで表されています。シートの最大サイズはExcel 2013では1048576行×16384列と、非常に大量の情報を扱うことができます。図2-1では1~9行、A~F列までしか見えていませんが、ずっと下にも右にもシートは続いているので、画面をスクロールすることで10行とG列以降を見ます。そして、図2-1でカーソルが置かれ緑になっている升目を「セル」と言い、列（アルファベット）と行（数字）の組み合わせでA1やその右隣がB1、その下がB2という具合にセルの位置を表します。後ほど紹介する関数では、このセルの指定方法を使うので、覚えておきましょう。

図2-1

A列には学生の名前を、1行目には成績基準を図2-2のように入力します。その時、学生の一番最初には「完璧な学生」を、成績基準の最後には「合計」と「レターグレード」を入れておきます。

図2-2

　図2-2を見ると、成績基準のいくつかの項目は、セルのサイズが小さいために全部表示されていません。入力したテキストや数字の長さに合わせてセルのサイズを調節するには、図2-3の○で囲まれた所をクリックし全体を選択し、矢印が付いているA列とB列の間をダブルクリックします。その時、カーソルが「両向き矢印」になっているのを確認してください。

図2-3

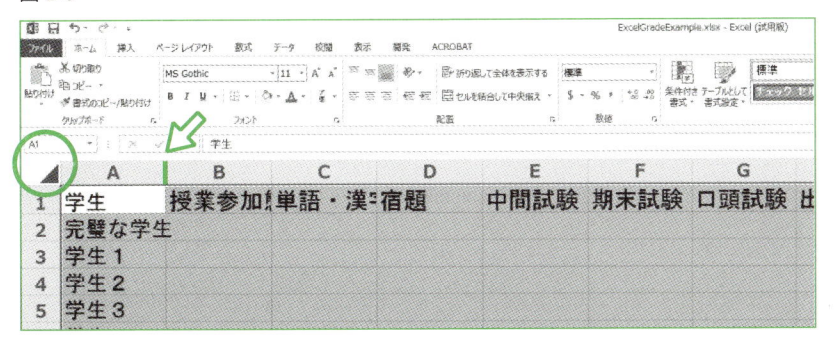

　すると、図2-4のように、セル内に入力されたテキストの長さに合わせて、全ての列のサイズが変わります。

図2-4

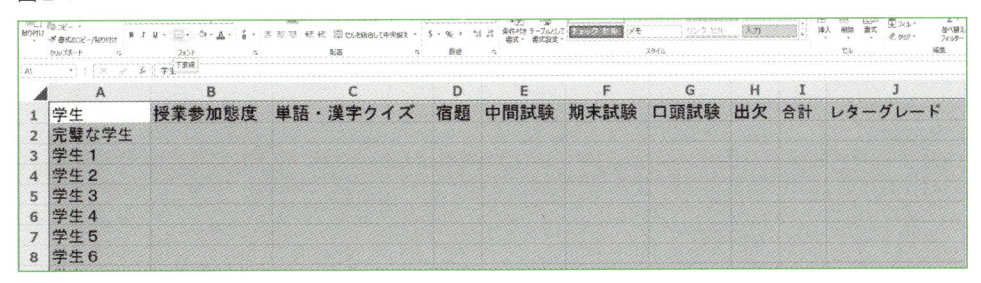

1　教育機関によっては、最終成績に応じて、レターグレード（letter grade）も必要なことがあります。レターグレードとは、90点以上がA、80点以上がBのようにアルファベットで成績を表す方法で、さらに細かくA＋やB－のように付けることもあります。

図2-4では、学生1から25まで入力してありますが、このように連続する数字を入力する場合には、図2-5のように「学生1」と入力した後に、セルA3の右下隅にカーソルを動かします。すると、カーソルが黒十字（+）に変わるので、その状態でクリックしたまま下にドラッグします。すると、図2-6のように「学生」の部分は変わらず、数字だけが増えていきます。こうすると、簡単に連続するデータが入力できます。連続データは、数字だけでなく、曜日（月曜日、火曜日…）やテキストと数字の混ざったもの（第1週、第2週…）もできます。

図2-5

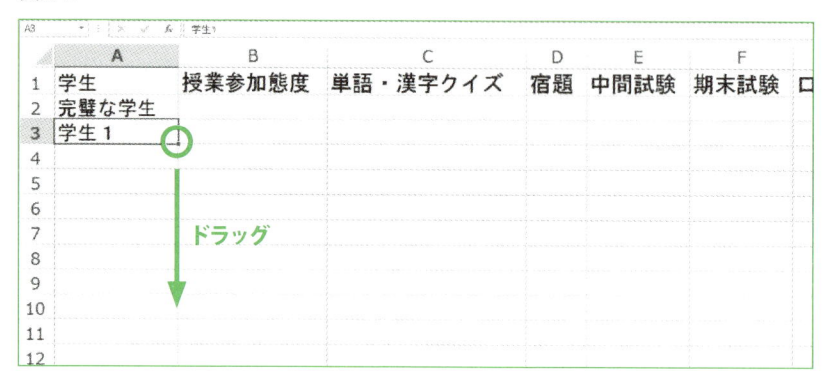

図2-6

このシートは総成績を表示するものなので、シートに名前を付けておきます。シートは図2-7のようにシートの左下に小さいタブで表示されていて、今は「Sheet1」になっているはずです。そのタブをダブルクリックすると、色が灰色に変わり名前を変更できるようになるので、「総成績」と付けましょう。

図2-7

見やすさを考慮して、成績基準の項目それぞれにシートを作り成績を記録していきます。ですから、項目名に従ってシートに名前を付けます。中間・期末・口頭試験は回数が少ないので3つまとめて「試験」と名前を付けます。シートの左下のタブにある「+」（図2-8）をクリックすると、新しいシートを追加することができます。

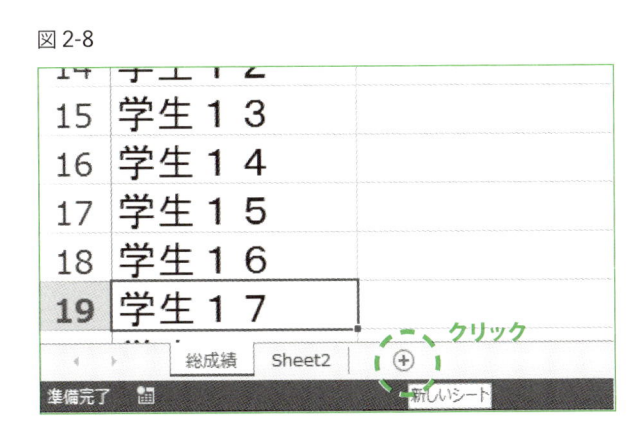

図2-8

　図2-9のように全項目の名前を付けます。シートの順番を変えたい時は、動かしたいシートの名前のタブの部分をクリックしたまま動かしたい所までドラッグします。すると、図2-10のように小さい黒矢印が現れるので、動かしたい位置が正しければドロップ（クリックを放す）します。

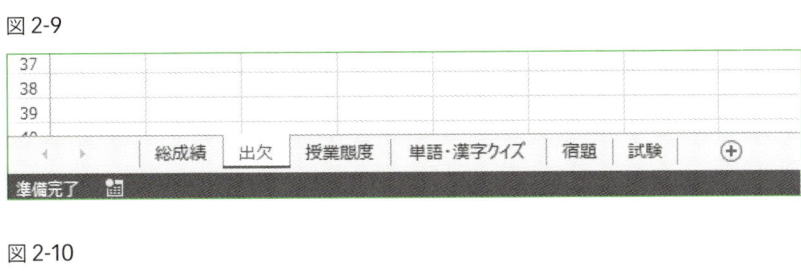

図2-9

図2-10

　「総成績」シートから学生名をコピーして、それぞれのシートに貼り付けてください。そして、書き出した成績基準に沿って、授業の回数やクイズの回数を入力し、架空の点数を入れます。その後、合計と全体の成績に占める割合を算出するための列を加えます。図2-11は「授業態度」シートの例です。

図2-11

　図2-11を見ると、QとR列を表示させるために右側にスクロールした結果、学生の名前が見えなくなっています。学生数が多い場合は、画面を下にスクロールするため、何週目かを示す1行目が見えなくなってしまうこともよくあります。成績を記録する際には、学生名と記録する項目名がいつも見えるようになっていた方が便利です。そのためには、［表示］タブの［ウィンドウ枠の固定］を使います。まず、固定（つまり、常に見えるように）したい列（学生名のA列）と行（成績の項目名の1行目）が交差しているセルA1の右斜め下のセルB2をクリックします。それから、ウィンドウ枠の固定をクリックし、一番上にある［ウィンドウ枠の固定］（図2-12）を選択します。これで、学生名と成績の項目は常に見えるようになります。

図2-12

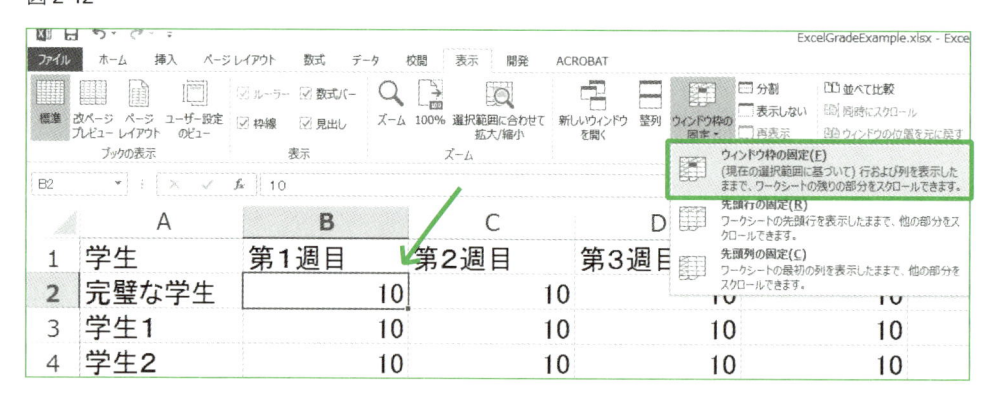

図2-11で、合計（Q列）と20%（R列）の列を加えましたが、合計点とその点数が全体の成績に占める割合を算出するために、「関数」を使います[2]。Excelでは関数は半角の「=」で始まります。まず、授業態度の合計点は「SUM」という関数を使います[3]。これは、複数の数字データの合計を算出する関数です。まず、「完璧な学生」の第1週目の点数が入っているセルB2から、最後の第15週目のセルP2までを合計しますが、関数は図2-13のように半角英数字で、

> =SUM（B2:P2）
> ・B2からP2までの合計点を算出しなさい

となります。関数を入力したら Enter キーを押します。すると「150」と合計点数が出ます。

図 2-13

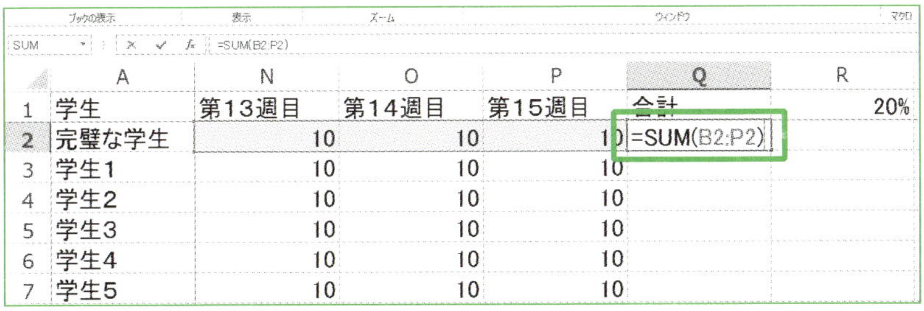

	A	N	O	P	Q	R
1	学生	第13週目	第14週目	第15週目	合計	20%
2	完璧な学生	10	10	10	=SUM(B2:P2)	
3	学生1	10	10	10		
4	学生2	10	10	10		
5	学生3	10	10	10		
6	学生4	10	10	10		
7	学生5	10	10	10		

次に、全成績に占める20%ですが、完璧な学生は満点なので、計算の基準として使います。関数は、

> =Q2/$Q$2*20
> ・Q2の値をQ2の値で割った後、20（%）を掛けなさい

と入力し、Enter キーを押すと「20」と表示されます。

図 2-14

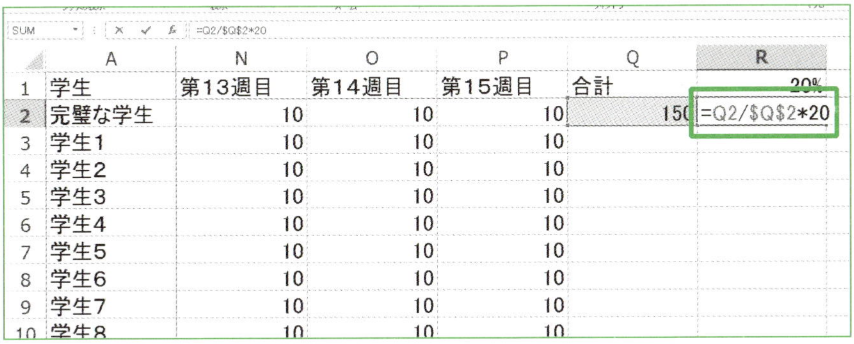

	A	N	O	P	Q	R
1	学生	第13週目	第14週目	第15週目	合計	20%
2	完璧な学生	10	10	10	150	=Q2/$Q$2*20
3	学生1	10	10	10		
4	学生2	10	10	10		
5	学生3	10	10	10		
6	学生4	10	10	10		
7	学生5	10	10	10		
8	学生6	10	10	10		
9	学生7	10	10	10		
10	学生8	10	10	10		

2　関数とは、例えば、数字データの中から最小値を見つけたり、テキストデータの中からある任意の仮名や漢字を含む語の数を数えるといった何らかのタスクを行うために、あらかじめ定義された数式のことです。これを使うと、2つのセルに入っている数字データの合計値や平均値を求めるといった簡単な計算から、特定条件に当てはまるデータが入っているセルの数を数えるといった複雑なことまでできます。

3　本節で使われている関数は、本節最後で表にまとめて説明してあります。

この関数で使われている「$」の機能は、関数を他のセルにコピーした時に「$」に続く列「Q」や行「2」の値が変化しないようにするためのもので、「絶対参照」と呼ばれます。

合計と20%の関数を全ての学生に適用するわけですが、いちいち入力していくと時間がかかるので、関数を他の学生のセルにコピーをします。セルQ2とR2を選択し、セルR2の右下にカーソルを動かすと黒十字に変わります（図2-15）。その状態でクリックしたまま下にドラッグし、学生25まできたらクリックを放します。すると、図2-16のように、他の学生の合計点も自動的に計算されます。関数が正確に機能しているか確認するため、学生の点数をいくつか変更してみましょう。それに応じて合計点も変わるはずです。

図2-15

	A	N	O	P	Q	R	S
1	学生	第13週目	第14週目	第15週目	合計	20%	
2	完璧な学生	10	10	10	150	20	
3	学生1	10	10	10			
4	学生2	10	10	10			
5	学生3	10	10	10		ドラッグ	
6	学生4	10	10	10			
7	学生5	10	10	10			

図2-16

	A	N	O	P	Q	R	S
1	学生	第13週目	第14週目	第15週目	合計	20%	
2	完璧な学生	10	10	10	150	20	
3	学生1	10	10	0	140	18.66666667	
4	学生2	10	10	10	150	20	
5	学生3	10	10	10	150	20	
6	学生4	10	10	10	150	20	
7	学生5	10	10	10	150	20	
8	学生6	5	10	10	145	19.33333333	
9	学生7	10	10	10	150	20	
10	学生8	10	10	9	149	19.86666667	
11	学生9	10	10	10	150	20	
12	学生10	10	4	10	144	19.2	

同じ関数を使って、他の項目の合計点と総成績に占める割合を算出していきます。その時、セル番号や総成績に占める割合は項目ごとに異なるので、注意してください。中間・期末・口頭試験は1つのシートにまとめてあるので、図2-17のようにそれぞれの点数の後に総成績に占める割合を加えます。試験は全て100点満点なので、総成績に占める割合を算出する関数は、

> =B2*0.2
> ・B2の値に0.2（つまり20%）を掛けなさい

となります。中間試験や期末試験は20%なので0.2を、口答試験は10%なので0.1を掛けます。

もし、試験が100点満点ではない場合は、

> =B2/$B$2*20
> ・B2の値をB2で割った後、20（%）を掛けなさい

とします。

図2-17

	A	B	C	D	E	F	G	H	I
1		中間試験	20%		期末試験	20%		口頭試験	10%
2	完璧な学生	100	20		100	20		100	10
3	学生1	90	18		100	20		100	10
4	学生2	71	14.2		100	20		100	10
5	学生3	88	17.6		100	20		100	10
6	学生4	96	19.2		100	20		100	10
7	学生5	80	16		100	20		100	10
8	学生6	67	13.4		100	20		100	10
9	学生7	75	15		100	20		100	10
10	学生8	79	15.8		100	20		100	10
11	学生9	100	20		100	20		100	10
12	学生10	94	18.8		100	20		100	10
13	学生11	83	16.6		100	20		100	10
14	学生12	100	20		100	20		100	10
15	学生13	91	18.2		100	20		100	10
16	学生14	85	17		100	20		100	10
17	学生15	77	15.4		100	20		100	10
18	学生16	80	16		100	20		100	10
19	学生17	55	11		100	20		100	10

最後に、欠席・遅刻の減点を算出する方法です。欠席・遅刻をした日を記録しておく必要があるので、「出欠シート」に図2-18のようにあらかじめ欠席日と遅刻日を記録する列を作っておき、そこに日付を記録するようにします。出欠の合計点を算出するために、

> =COUNT（B2:E2）*-3+COUNT（F2:I2）*-1
> ＊セルB2からE2までの欠席日の数を数え、-3を掛けなさい（欠席の減点合計）
> セルF2からI2までの遅刻日の数を数え、-1を掛けなさい（遅刻の減点合計）
> そして、その両方の値を足しなさい（出欠の減点合計）

という関数を使います。

図2-18

	A	B	C	D	E	F	G	H	I	J	K	L
1		欠席	欠席	欠席	欠席	遅刻	遅刻	遅刻	遅刻	減点合計		
2	完璧な学生									=COUNT(B2:E2)*-3+COUNT(F2:I2)*-1		
3	学生1					3/20/2014						
4	学生2									0		
5	学生3									0		
6	学生4									0		
7	学生5	3/13/2014	4/17/2014							-6		
8	学生6									0		
9	学生7	3/20/2014								-3		
10	学生8									0		
11	学生9					3/13/2014	3/27/2014			-2		
12	学生10									0		
13	学生11									0		

これで、全ての項目の合計点と総成績に占める割合が算出できました。それぞれの総成績に占める割合を「総成績」シートで見られるようにする方法です。最初の項目「授業態度」の点数が見られるように、「総成績」シートの授業態度のセルB2に、

> =授業態度!R2
> ＊「授業態度」シートのR2の値を出力しなさい

と入力します（図2-19）。すると、完璧な学生の授業態度成績が出力されます。他の項目も同じ関数を使って「総成績」シートに成績を出力します。この時、シート名と関数に使っているシート名が完全に一致（アルファベットの大文字・小文字の違いや半角・全角英数）していることを確認してください。

図2-19のようにそれぞれの総成績に占める割合が「総成績」シートに出力されたので、全項目の合計を先ほども使った「=SUM（B2:H2）」で算出します。「完璧な学生」の成績が100点になっていれば、関数が正確に機能していることになります。

図2-19

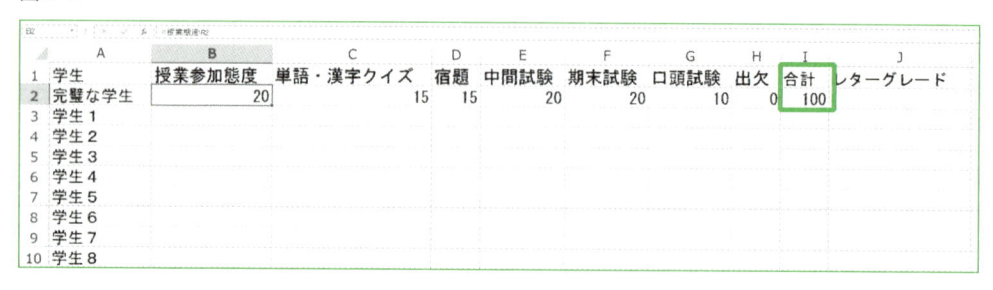

最後にレターグレードの付け方です。条件を設定するIF関数を使います。90点以上は「A」、それ以外は「B」という条件にするには、

> =IF（I2>=90, "A", "B"）
> ＊もしセルI2の数値が90以上だったら「A」を、そうでなければ「B」を出力しなさい

となります。最初に書き出した成績基準では、AとB以外にCとDもあるので、上述の関数の中にさらにIF関数を埋め込み、

> =IF（I2>=90, "A", IF（I2>=80, "B", IF（I2>=70, "C", "D")))

とすれば、全ての条件が設定できます。あとは、全ての学生の成績が算出されるように、関数を残りの学生のセルにコピーをします。すると、図2-20のようにレターグレードも自動的に表示されます。念のため、学生の成績を適当に変えて合計点数とレターグレードがそれに合わせて変化するかを確認してください。

図2-20

IF関数の中にIF関数を埋め込んでいくと、関数が複雑に長くなります。すると、[Enter]キーを押しても関数が機能せず、エラーメッセージが現れることがあります。よくある原因の一つは、括弧の数です。上の関数を見ると、一番右側に三つの括弧があります。この数は、左側にある括弧の数と同じでなければなりません。エラーメッセージが出た時には、まず括弧の数を確認してみるといいでしょう。

成績管理でよく使う関数のまとめ

記号	機能
~:_	「セル~から_まで」という指示です。
*	掛け算を表します。
/	割り算を表します。
$A$1	「絶対参照」を意味し、この記号を含む関数をコピーしても、参照先のセル「A1」は変わりません。
~!	「シート~」という意味です。
"~"	関数の中でテキストを使う場合は、"と"で挟みます。
SUM（~:_）	~から_までの合計を計算します。
IF（~=0, "A", "B"）	条件を設定する関数で、例の場合、「もしセル~が『0』ならば、『A』を、そうでなければ『B』を出力する」という意味です。
COUNT	数値が入力されているセルを数えます。
COUNTA	何かが入力されているセルを数えます。
COUNTIF	指定された条件にあった情報が入っているセルを数えます。
MAX（~:_）	~から_までの最高値を見つけます。
MIN（~:_）	~から_までの最低値を見つけます。
LARGE（~:_,#）	~から_までの#番目に高い値を見つけます。
SMALL（~:_,#）	~から_までの#番目に低い値を見つけます。

▶ ウェブサイトの関連動画ヘルプ

1. 関数の入力と他のセルへのコピー
2. ウィンドウ枠の固定
3. シート名の変更

使える技 1　既に入力されている値を別のセルに出力

　あるセルに入っている数値を別のセルに出力する場合、関数をタイプするのではなく、セルをクリックすることで元のセル番号を入力できます。

1）数値を出力したいセルに半角の「=」を入力

図 2-21

	A	B	C	D	E	F	G	H
1	=			10				
2				10				
3				10				
4				10				
5				10				
6				10				
7				10				
8				10				
9				10				
10				10				

2）出力したい数値が入っているセルをクリックした後、[Enter]キーを押します。

図2-22

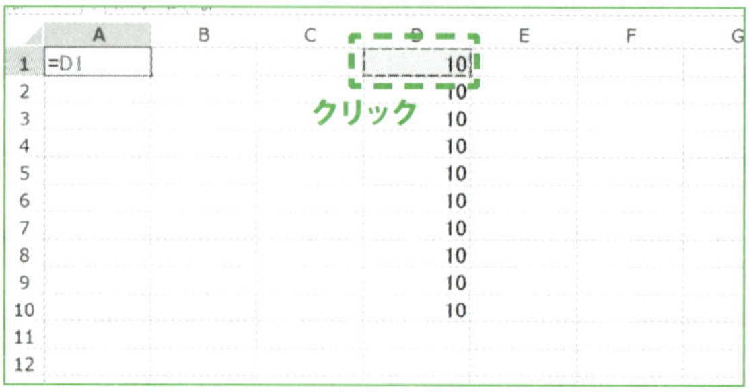

ただし、出力したい数値が入っているセルをクリックした後に、[Enter]キーを押すのを忘れないで下さい。[Enter]キーを押さないで他のセルをクリックすると、セル番号が変わってしまいます。

2 セルの書式設定

Excelを使って成績を記録・管理すると、図2-20のように小数点以下の数字が長くなる場合があります。学生によって数値の長さが異なると見にくいので、小数点以下の桁数を揃えましょう。数値が入っているセルを選択し右クリックし、［セルの書式設定］を選択する（図2-23）と、小さいウィンドウが開きます。

図2-23

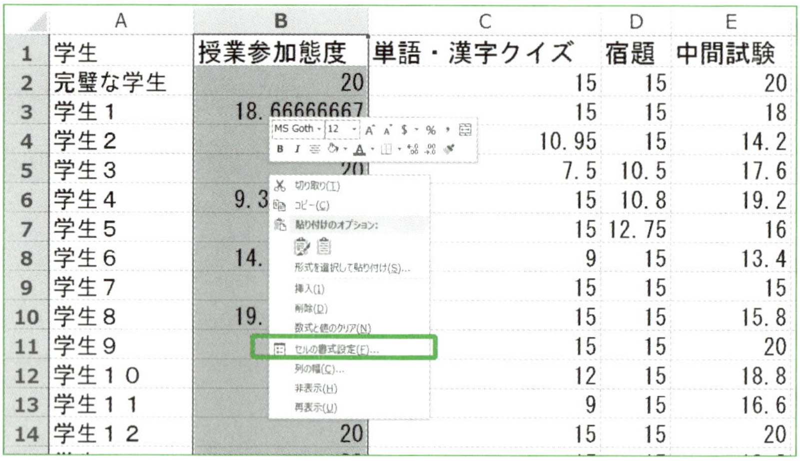

ウィンドウの［表示形式］タブの中から［数値］を選ぶと、［小数点以下の桁数］という箇所があるので設定したい桁数を指定し（図2-24）、［OK］をクリックします。これで、数字の小数点以下は2桁まで表示されるようになります。

図 2-24

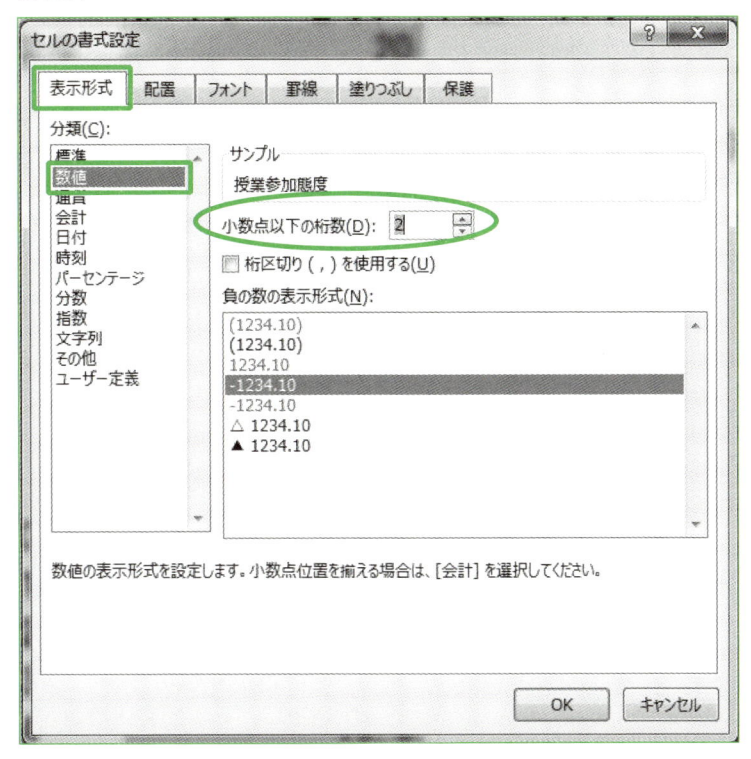

この機能を使うと、「0」から始まる電話番号や学籍番号を入力した時に「0」が消えてしまう問題も解決できます。図2-25は電話番号の例ですが、先頭の「0」が消えてしまっています。

図 2-25

電話番号を選択し右クリックで［セルの書式設定］を選びます。［表示形式］タブの［ユーザー定義］を選択し、［種類］のフィールドに半角英数で「0#######」と入力します（図2-26）。「#」は数字を表し、この場合は「8桁の数字の先頭には0を表示する」という定義ということです。すると、すぐ上のサンプルの部分に数字がどのように表示されるようになるのか示されるので、「0」から始まっていることを確認します。［OK］をクリックすれば、選択した電話番号の数字が「0」から表示されるようになります。

図 2-26

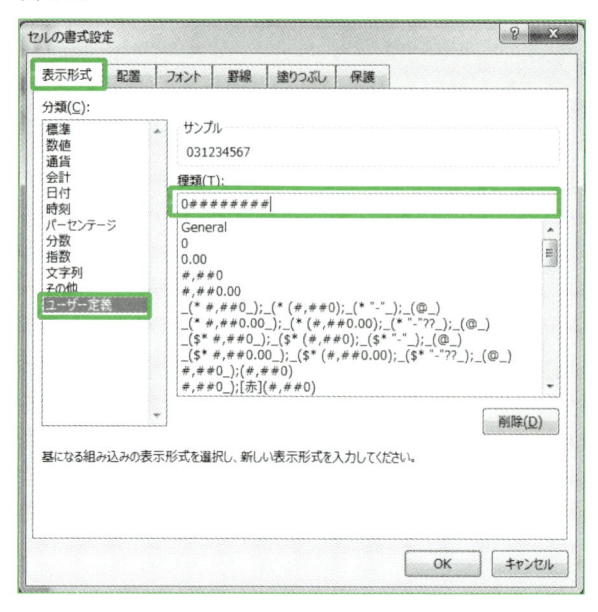

　テキストを表示することも可能なので、成績表の合計点のセルには「/100点」と付け加えることもできます。上述したように、合計点を選択し、[セルの書式設定]＞[表示形式]タブ＞[ユーザー定義]を選択し、[種類]フィールドに「###.00"/100点"」と入力します（図2-27）。ユーザー定義に数字以外、つまりテキスト、を使う場合には、英語の引用マーク「"」で挟みます。

図 2-27

　すると、合計点は小数点以下2桁まで表示され、なおかつ「/100点」という満点も表示されます（図2-28）。

図 2-28

	A	I	J
1	学生	合計	レターグレード
2	完璧な学生	100.00/100点	A
3	学生1	95.67/100点	A
4	学生2	86.65/100点	B
5	学生3	78.60/100点	C
6	学生4	84.33/100点	B
7	学生5	87.75/100点	B
8	学生6	72.07/100点	C
9	学生7	80.00/100点	B
10	学生8	81.67/100点	B
11	学生9	98.00/100点	A

▶ ウェブサイトの関連動画ヘルプ

1. 表示形式を小数点2桁に設定
2. 表示形式をユーザー定義

使える技 2　複数のセルに同じ値を入力

　複数のセルに同じ数値や文字列を入力したい場合、数値や文字列をコピーしてセルに貼り付けていくのが一般的ですが、もっと効率的な方法があります。まず、入力したいセル全てを選択します。もし連続していないセルの場合は、Ctrlキーを押しながらセルをクリックすれば複数のセルが選択できます（図2-29）。

　そして、一番最後に選択したセルに数値か文字列を入力し、Ctrlキーを押しながらEnterキーを押します。すると、選択したセルの全てに同じ数値か文字列が入力されます（図2-30）。

図 2-29

	A	B	C
1		欠席	欠席
2	完璧な学生		
3	学生1		
4	学生2		
5	学生3		
6	学生4		
7	学生5	3/13/2014	4/17/2014
8	学生6		
9	学生7	3/20/2014	
10	学生8		
11	学生9		
12	学生10		
13	学生11		
14	学生12		
15	学生13	3/27/2014	
16	学生14		
17	学生15		
18	学生16		
19	学生17		

Ctrlを押しながらクリック

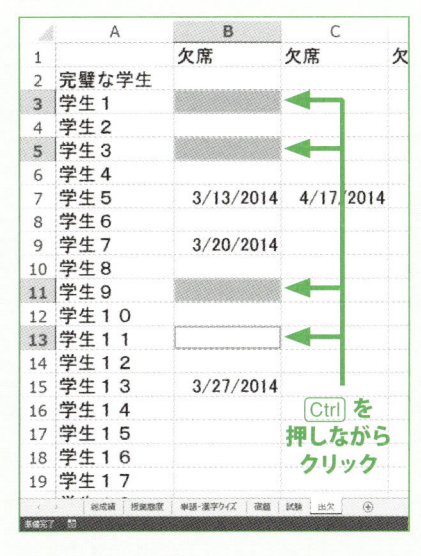

図 2-30

	A	B	C
1		欠席	欠席
2	完璧な学生		
3	学生1	4/5/2014	
4	学生2		
5	学生3	4/5/2014	
6	学生4		
7	学生5	3/13/2014	4/17/2014
8	学生6		
9	学生7	3/20/2014	
10	学生8		
11	学生9	4/5/2014	
12	学生10		
13	学生11	4/5/2014	
14	学生12		
15	学生13	3/27/2014	
16	学生14		
17	学生15		
18	学生16		
19	学生17		

3 並べ替えとフィルター

成績表をExcelで記録・管理することによって、成績の合計点によって学生を並べ替えることもできます。また、クイズや中間・期末試験の点数を基に、高い学生から低い学生に順番に並べ替えることもできます。

まず、「合計」の列を選択し、[ホーム] タブの一番右にある [編集] の中の [並べ替えとフィルター] をクリックします。そして、[昇順]（小さい順に並べ替える）か [降順]（大きい順に並べ替える）を選びます（図2-31）。

図 2-31

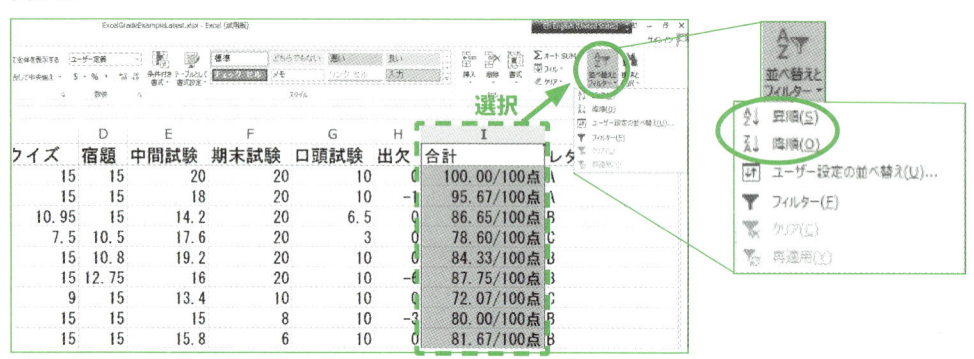

すると、[並べ替えの前に] というウィンドウが開くので、選択範囲を拡張するかどうか選ばなければなりません（図2-32）。現時点では合計点の列しか選択されていないので、その列だけを並べ替えることによって合計点と学生の名前がバラバラになってしまいます。そこで、[選択範囲を拡張する] を選択します。つまり、合計点を基に並べ替えるのと同時に他の列も並べ替えることで、点数と学生の名前がバラバラにずれてしまうのを防ぎます。こうすると、図2-33のように、合計点を基に並べ替えることができます。

図 2-32

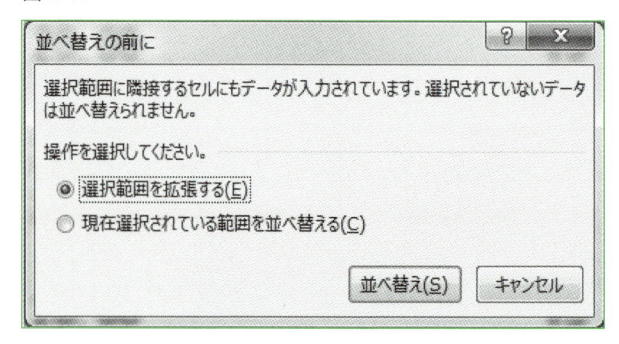

図 2-33

Excelは特に数字データを扱うのに便利なソフトなので、ここまでは数字データの成績表を例に説明してきました。しかし、実はExcelはテキストデータを扱うこともできます。ですから、ここからは、テキストデータの語彙リストを例に説明します。[フィルター]機能を使うと、語彙リストの中から任意の章や品詞の語彙だけを表示することもできます。図2-34のように新しい言葉とその漢字、品詞、意味、使われている章等が入力されているExcelシートで作成した語彙リストがある場合、一番上の行を選択した後、[並べ替えとフィルター]をクリックし、[フィルター]を選びます。

図 2-34

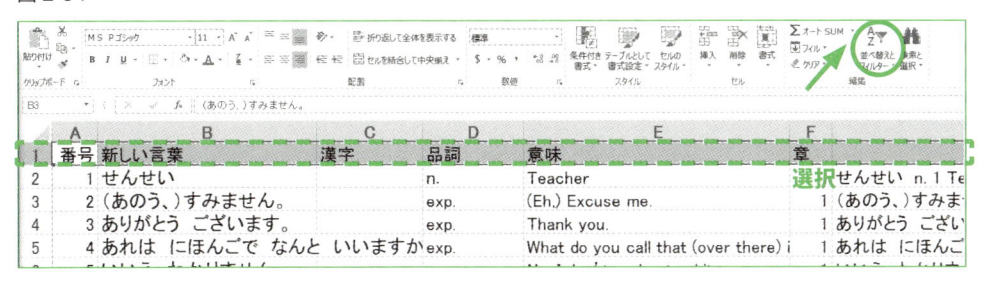

すると、1行目のセルに小さい矢印が現われます。例えば、章の番号が入力されている矢印をクリックすると、ウィンドウが開き「すべて選択」と1章から12章まで全てにチェックがついています（図2-35）。この状態は、語彙リストには1章から12章までの言葉全てが表示されていることを意味します。その中から、5章の言葉だけ表示したい場合は、[すべて選択]のボックスをクリックしチェックを一度全部外します。そして、「5」のボックスをクリックし、[OK]を押すと、5章の言葉のみ表示されます。

図 2-35

さらに、自分で条件を設定してフィルターをかけることもできます。例えば、漢字の言葉の中から「日」という漢字を含む言葉だけを探したい時には、漢字が入力されている列のフィルターの矢印をクリックします。開いたウィンドウの中から、［テキストフィルター］＞［指定の値を含む］を選びます（図2-36）。

図2-36

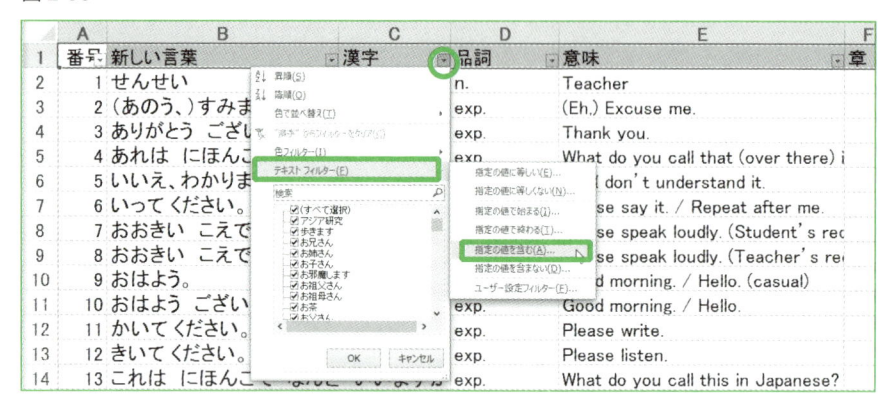

　ウィンドウが開くので、フィールドに探している漢字「日」を入力します（図2-37）。そして［OK］をクリックすると図2-38のように、「日」を含む言葉が表示されます。フィルターを外して全ての言葉を表示したい時は、図2-35の［テキストフィルター］の二つ上にある" "から［フィルターをクリア］を選択します。

図2-37

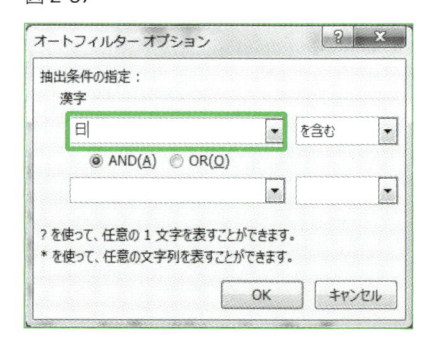

図2-38

▶ ウェブサイトの関連動画ヘルプ

1. 合計点に基づく並べ替え
2. 単語リストの中から章や品詞に基づいてフィルターをかける

使える技 3 　空白セルの検索

　クイズや試験の点数をExcelシートに入力した後に記録漏れがないかを調べる便利な方法があります。点数を入力した列を選択し、F5キーを押します。すると［ジャンプ］というウィンドウが開きます（図2-39）。

図 2-39

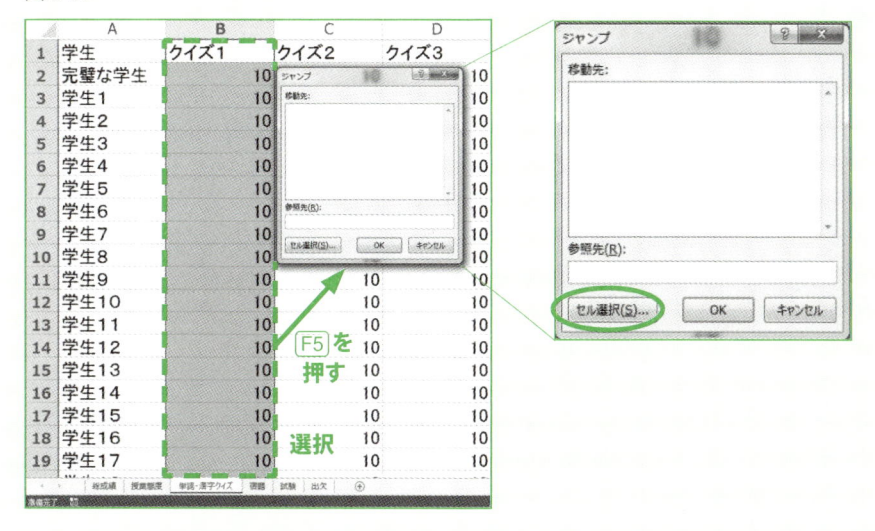

　ウィンドウの一番下にある［セル選択］というボタンをクリックすると、［選択オプション］というウィンドウに変わる（図2-40）ので、その中から［空白セル］をクリックして［OK］を押すと、何も入力されていないセルがすぐに選択されます。

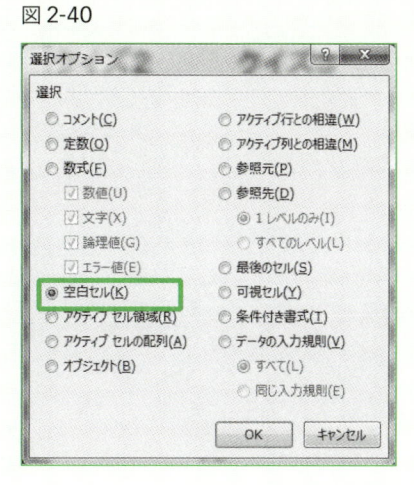

図 2-40

4 ふりがなの表示/非表示

　語彙リストを作成する時に、WordではなくExcelを使うという先生もいますが、Excelを使う利点を紹介します。漢字の単語をタイプした後に、その読み方をまたひらがなでタイプするのは面倒な作業です。しかし、Excelの関数を使うと、簡単に漢字の読み方を表示することができます。

　「PHONETIC」という関数を使うと、漢字を入力した時のローマ字の音をそのまま仮名で書き出すことができます。図2-41のように、A列に漢字をタイプします。そして、B列に読み方を提示したい場合、セルB2に「=PHONETIC(A2)」と入力し、Enterキーを押すと、読み方が表示されます。あとは、この関数を他の単語のセルにコピーするだけです。

図 2-41

　漢字の読み方がカタカナで表示されていますが、これをひらがなにすることもできます。漢字の言葉を選択し、[ホーム]タブの[フォント]＞[ふりがなの表示/非表示]の矢印をクリックし、[ふりがなの設定]を選びます。[ふりがなの設定]というウィンドウが開くので、[ふりがな]タブの[種類]＞[ひらがな]を選ぶ（図2-42）と、読み方がひらがなで表示されます（図2-43）。

図 2-42

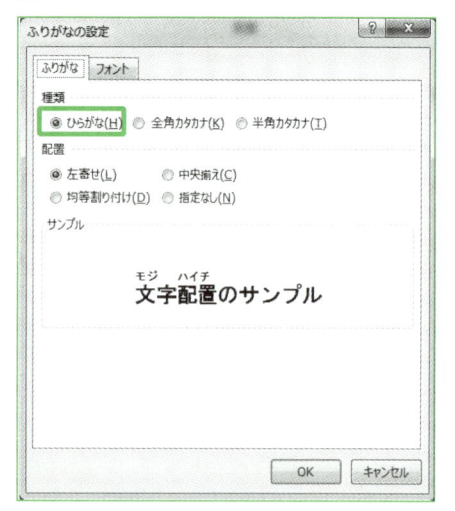

図 2-43

漢字の言葉を選択し、［ホーム］タブの［フォント］にある［ふりがなの表示/非表示］をクリックすると、漢字の言葉の上にふりがなを表示することもできます（図2-44）。ひらがな・カタカナの変更は、上述の方法でできます。

図2-44

ウェブサイトの関連動画ヘルプ

1. PHONETIC関数を使った漢字の読み方の表示
2. 漢字の単語の上にふりがなを表示

使える技 4　行と列の入れ替え

表計算ソフトを使ってリストを作成している途中で、列と行を入れ替えた方が見やすい、あるいは分かりやすいことに気が付くことが時々あります。そんな時は、リストを選択しコピーします。そして、貼り付けたいセルをクリックしてから、［ホーム］タブの［貼り付け］の矢印をクリックし、［行列を入れ替える］を選択します（図2-45）。すると、あっという間に行と列を入れ替えることができます。

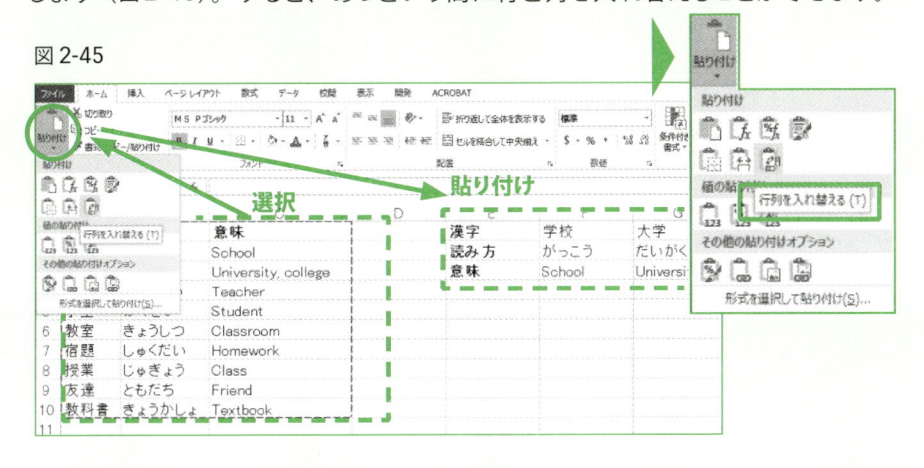

図2-45

5 フォームコントロール

1章Wordで、コンテンツコントロール機能の使い方を紹介しましたが、Excelにも「フォームコントロール」という同様の機能があります。夏休みや冬休み明けの新学期には、これまでに勉強したことを思い出すために、復習問題の宿題を課すことがありますが、採点に時間がかかります。そんな時には、この機能を利用して多肢選択問題のワークシートを作成すると、学生の回答の正誤判定を自動的にすることができます。

では、ワークシートを作成してみましょう。新しいシートを開き、図2-46のようにA列には、自動的に正誤判定結果が出力されるようにします。B列は問題番号、C列には（　）に入る答えを選択肢の中から選ぶ多肢選択問題を10問入力します。そして、D列には選択肢が表示されるようにし、後ほどE列には学生の回答、F列に正解を入力していきます。

図2-46

	A	B	C	D	E	F
1		学籍番号				
2		名前				
3	正誤判定		問題：下の文の（　）に入る一番適切な助詞を入れなさい。	答え	学生回答	正解
4		1	私（　）なまえは陳です。			
6		2	台湾（　）来ました。			
8		3	東京の〇×大学（　）アジア経済を勉強しています。			
10		4	林さん（　）〇×大学で勉強しています。			
12		5	林さんと学校の近くのアパート（　）住んでいます。			
14		6	週末はよく電車（　）新宿や渋谷に行きます。			
16		7	おもしろいお店がたくさんあるから、渋谷（　）大好きです。			
18		8	台湾（　）も日本のお店がたくさんあります。			
20		9	日本の洋服のお店（　）レストランがとても人気です。			

D列には選択肢がドロップダウンメニューで表示されるようにします。そのために、G列からK列にかけて、図2-47のように選択肢を入力しておきます。

図2-47

	D	E	F	G	H	I	J	K	L
3	答え	学生回答	正解	1	2	3	4	5	
4				の	で	に	も	で	
5				に	と	が	に	が	
6				と	が	でも	では	を	
7				で	から	も	は	に	
14					6	7	8	9	10
15					の	を	は	も	に
16					に	が	を	が	の
17					で	で	に	は	を
18					を	と	の	や	と

次に、Wordと同様に［開発］タブをリボンに表示させます。Excelの［ファイル］タブをクリックし、画面左側に表示されるメニューの中から［オプション］を選択します。すると、［Excelのオプション］ウィンドウが開くので、［リボンのユーザー設定］を選び、右側にある［リボンのユーザー設定］の中から［開発］にチェックを入れます（図2-48）。

図 2-48

ドロップダウンメニューのように、クリックをすると選択肢が表示されるボタンを挿入するため、［開発］タブの［コントロール］＞［挿入］＞［フォームコントロール］から［コンボボックス］を選びます（図2-49）。

図 2-49

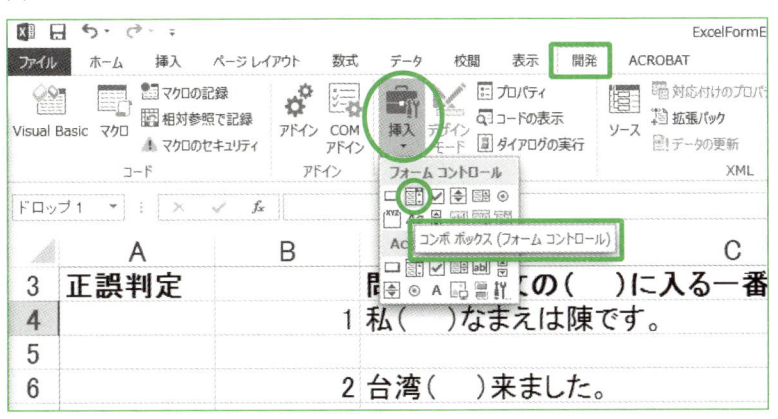

すると、マウスが黒十字に変わるので、クリックをしたままマウスを動かし（ドラッグし）四角形を描く要領で、D列のセルに図2-50のようにボタンを挿入していきます。ボタンの大きさを揃えたい場合には、最初に挿入したボタンをコピーし、それを貼付けることもできます。

図2-50

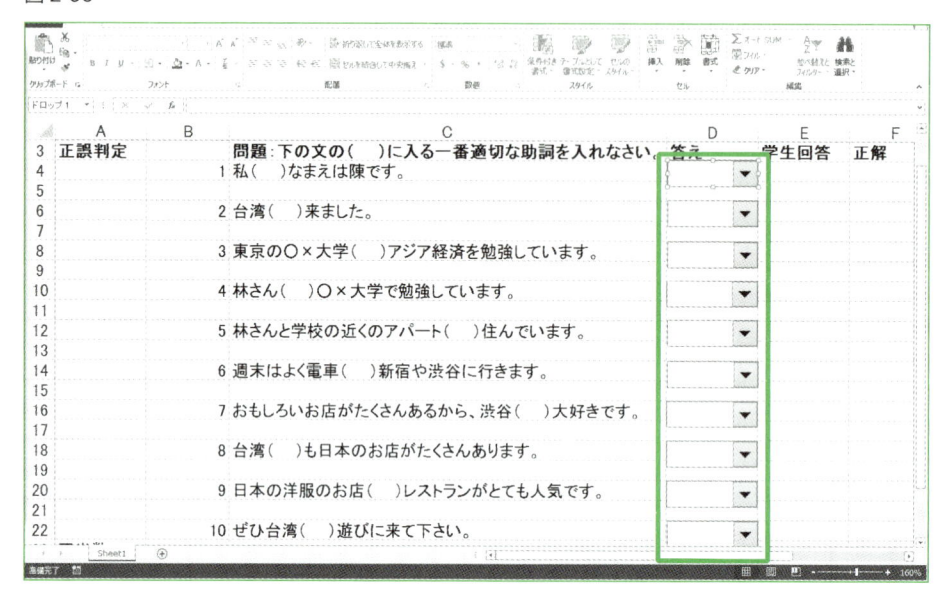

挿入したコンボボックスを右クリックして［コントロールの書式設定］を選びます（図2-51）。

図2-51

［コントロールの書式設定］ウィンドウが開くので、［コントロール］タブをクリックします（図2-52）。そして、［入力範囲］のフィールドをクリックし、各問題の選択肢が入っているセルを全て選びます。図2-52は問題1なので、セルG4からセルG7までを選ばなければなりませんが、選び方は、セルG4をクリックした後、Shiftキーを押しながらセルG7をクリックします。すると、複数のセルが選択され、［入力範囲］のフィールドには自動的に「$G$4:$G$7」と入力されます（図2-52）。［リンクするセル］は、学生回答を表示するE列のセルを選ぶので、［リンクするセル］のフィールドをクリックした後、問題1の場合はセルE4をクリックします。

図 2-52

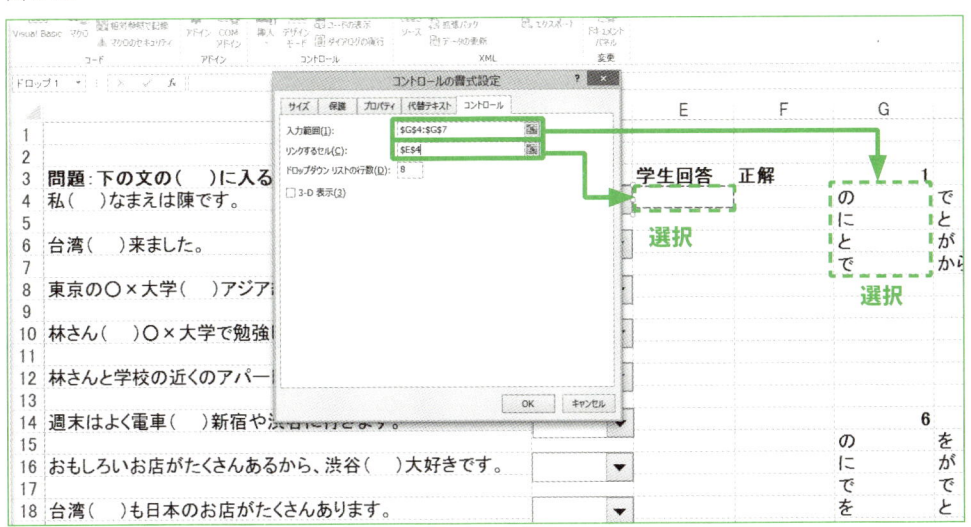

　学生が答えを選べるようにするため、［保護］タブの［ロック］についているチェックを外しておきます（図 2-53）。そして、この一連の書式設定を、全てのコンボボックスにします。最初にワークシートを作成する時は若干時間がかかりますが、それをひな形として使えば、2 回目以降別のワークシートを作る時にはあまり時間がかかりません。

図 2-53

　全てのコンボボックスの書式設定を終えたら、正確に機能しているか確かめましょう。ボタンをクリックすると選択肢がドロップダウンメニューで表示され、答えを選べます。そして、選んだ答えに合わせて E 列には数字が表示されます（図 2-54）。この表示は、選択肢の上から順番に 1 から 4 までの数字です。ですから、正解を入力する F 列には、選択肢の中から正しい答えの番号を入力しておきます。

図 2-54

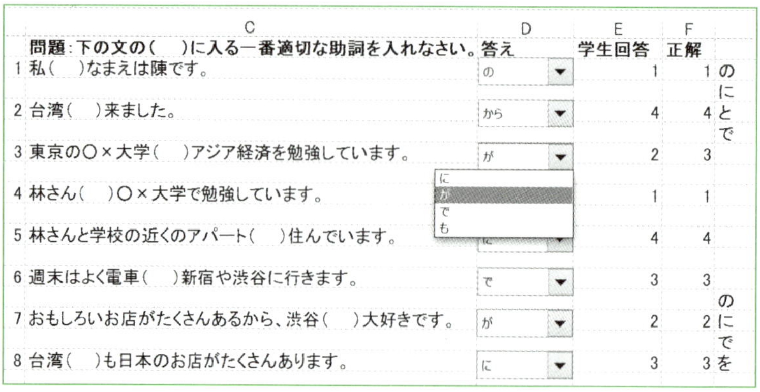

	C	D	E	F
	問題：下の文の（ ）に入る一番適切な助詞を入れなさい。	答え	学生回答	正解
1	私（ ）なまえは陳です。	の	1	1 の
2	台湾（ ）来ました。	から	4	4 と で
3	東京の〇×大学（ ）アジア経済を勉強しています。	が	2	2
4	林さん（ ）〇×大学で勉強しています。	に/が/で/も	1	1
5	林さんと学校の近くのアパート（ ）住んでいます。		4	4
6	週末はよく電車（ ）新宿や渋谷に行きます。	で	3	3
7	おもしろいお店がたくさんあるから、渋谷（ ）大好きです。	が	2	2 の に で
8	台湾（ ）も日本のお店がたくさんあります。	に	3	3 を

　最後に、正誤判定を自動でするために、A列に関数を入力します。条件を設定するIF関数を使います（図2-55）。E列の学生回答が、F列の正解と同じであれば「〇」を出力するという条件にするには、

> =IF（E4=F4,"〇"," ×"）
> ・もしセルE4の値がセルF4と同じであれば「〇」を、そうでなければ「×」を出力しなさい

と入力します。図2-55では、間違った回答の問題3には「×」が表示されています。

図 2-55

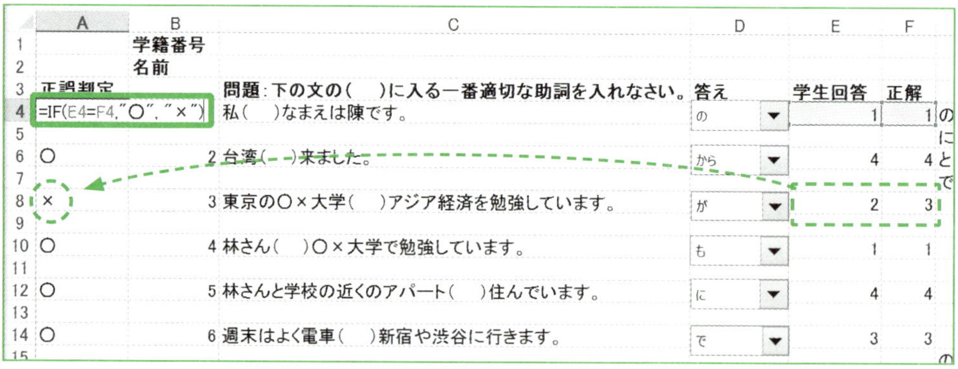

	A	B	C	D	E	F
1		学籍番号				
2		名前				
3	正誤判定		問題：下の文の（ ）に入る一番適切な助詞を入れなさい。	答え	学生回答	正解
4	=IF(E4=F4,"〇","×")		1 私（ ）なまえは陳です。	の	1	1
6	〇		2 台湾（ ）来ました。	から	4	4
8	×		3 東京の〇×大学（ ）アジア経済を勉強しています。	が	2	3
10	〇		4 林さん（ ）〇×大学で勉強しています。	も	1	1
12	〇		5 林さんと学校の近くのアパート（ ）住んでいます。	に	4	4
14	〇		6 週末はよく電車（ ）新宿や渋谷に行きます。	で	3	3

　また、正答数も自動的に数えるように、「COUNTIF」関数を利用します。この関数は、設定した条件に合うセルの数を数えるもので、

> COUNTIF（A4:A22, "〇"）
> ・もしセルA4からセルA22までに「〇」が入っているセルがあれば、そのセルを数えなさい

と入力します（図2-56）。

図 2-56

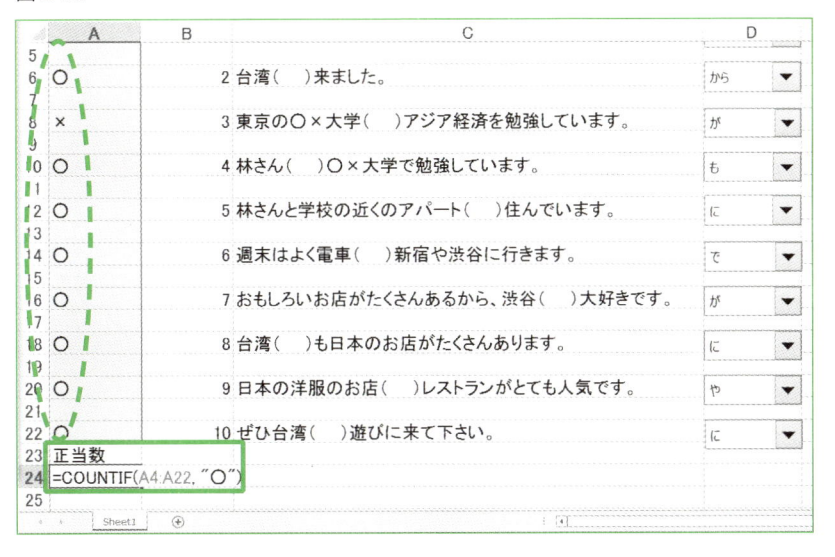

　これでワークシート自体は完成です。しかし、宿題として配布するには、まだ三つしなければならないことがあります。1つは、Wordの時と同じように、作成したワークシートのExcelシートに保護（ロック）をかけることです。まず、学生の回答が表示されるE列と正誤判定が表示されるA列を選択し、［セルの書式設定］を選びます。開いたウィンドウの［保護］タブを選び、［ロック］についているチェックを外します（図2-57）。学生が学籍番号と名前を入力するセルC1とセルC2も同様に［ロック］を外しておきます。

図 2-57

次に、出来上がったワークシートの中から、学生には見せたくない列を隠します。正誤判定が表示されるA列を選択し、右クリックします。そして、[非表示]を選択する（図2-58）と、見えなくなります。同様に、学生回答と正解、選択肢が入力されているE列からK列も見えないようにします。すると、図2-59のように問題と答えの選択肢だけが見えるようになります。

図2-58

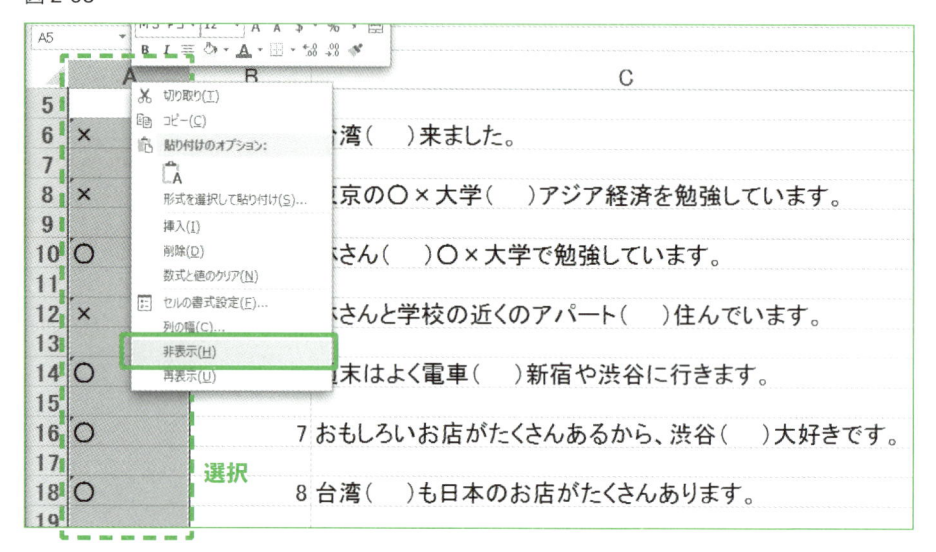

図2-59

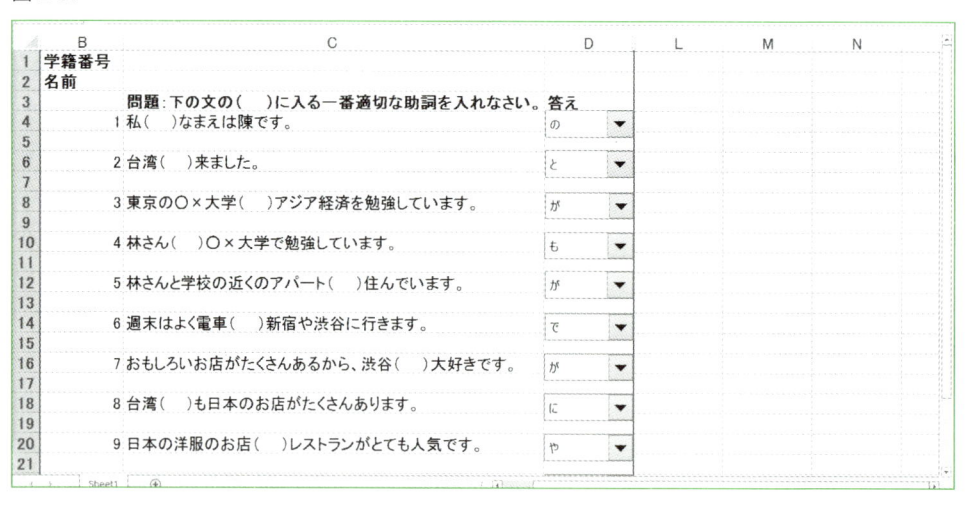

そして、最後に、[校閲]タブにある[変更]＞[シートの保護]を選択（図2-60）すると、ウィンドウが開くので、その中の「ロックされていないセル範囲の選択」だけチェックを付けます（図2-61）。すると、先ほどロックを外したセル以外のテキストを編集することができなくなります。シートの保護にパスワードをかけたい場合は、パスワードのフィールドに入力します。

図 2-60

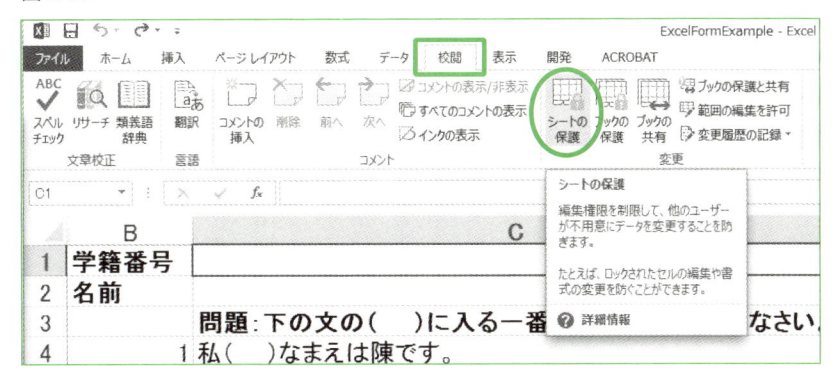

図 2-61 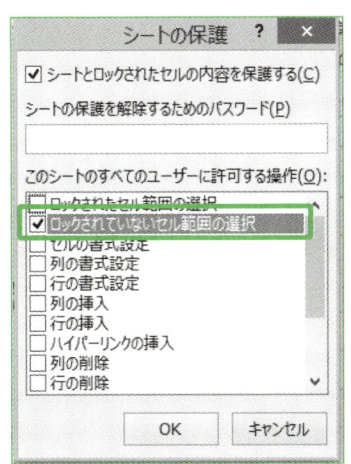 　　　　　図 2-62

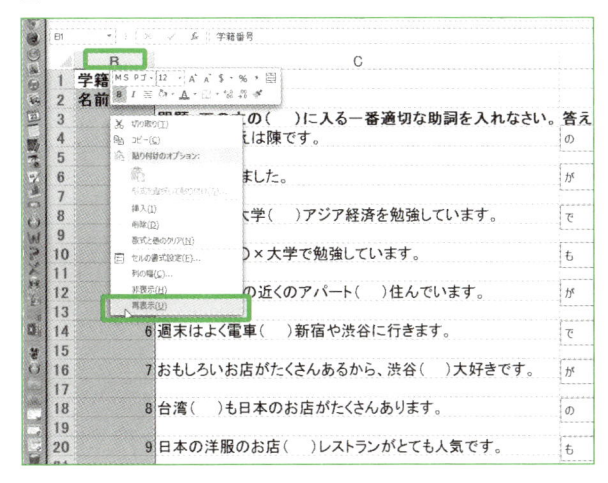

あとは、このワークシートをメールで学生に送信し、回答してもらうだけです。回答結果は全てA列にまとめられ、正誤判定と正答数が自動的に表示されるので、採点の時間が節約できます。A列は非表示になっているので、見られるようにするには、再表示させなければなりません。B列の「B」とある部分をクリックし、クリックを押したまま左側の三角形の部分にドラッグします。その後、B列の上にマウスを動かし右クリックし、［表示］をクリックします（図2-62）。E列からK列も非表示なので、再度見るためには、L列の「L」とある部分をクリックし、左側のD列へとドラッグし、上と同様の方法で［表示］をクリックします。フォームコントロールを使えば、アンケートを作成することもできます。

▶ ウェブサイトの関連動画ヘルプ

1. フォームコントロールの使い方
2. 列の非表示
3. シートの保護

使える技 5　列の順番の入れ替え

　B列とC列の情報を入れ替えたい場合、B列をD列に動かし、C列をB列に、そして、D列に動かした元のB列をC列に動かすというやり方が多いと思います。より簡単な入れ替え方は、B列を選択しB列とC列の間にある罫線上にカーソルを動かします。すると、カーソルが十字矢印に変わるので、その時に[Shift]キーを押しながらC列とD列の間の罫線上にドラッグ＆ドロップします（図2-63）。これで簡単にB列とC列を入れ替えることができます。

図2-63

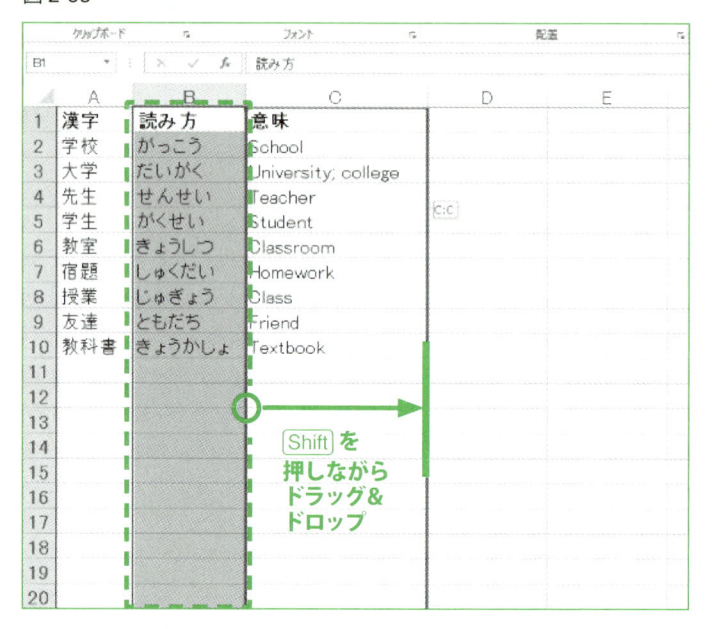

3. プレゼンテーションソフト（PowerPoint）

　近年、教育機関では経費削減や環境保護を目的として、授業で使う印刷物の量を減らすように教員に促すことがあるという話を聞きます。そのため、日本語の授業ではワークシートや配布資料、絵・写真カードといった紙媒体を減らす傾向にあります。そして、紙媒体の代わりとして使われ始めたのが、プレゼンテーションソフト、Microsoft社のPowerPointです。ワークショップや学会、会議といった場では、かなり前から使われていますが、最近では授業でも使う教師が増えてきています。

　プレゼンテーションソフトの利点として、1）文法の説明をする時に、重要な部分のフォントの色を変えたり、アニメーションを利用したりすることで視覚的に分かりやすい説明ができる、2）プレゼンテーションスライドのファイルを学生と共有することで、家で復習の時に使える、3）一度作ったプレゼンテーションスライドをひな型として使い回しができ、授業の準備のための時間節約になる、といったことが挙げられます。しかし、使い方によっては、授業中の学生の態度が受け身的になってしまう弊害もあるので、本章を読みながらどんな時に使えば効果的か考えてみてください。

　本章では、頻繁に使われるようになってきたプレゼンテーションソフトを授業で使えるようになることを前提として、以下の機能を紹介していきます。まだ使ったことがない人もいるかもしれませんが、ワープロソフトを使ったことがあれば、比較的簡単に使えるようになるので、身構える必要はありません。

- 設定の変更
- プレゼンテーションスライドの作成
  - スライドのレイアウトとデザイン
  - フォントのサイズや種類の変更
- アニメーション
- 画像や動画の挿入
- ハイパーリンク

1 設定の変更

　プレゼンテーションスライドを作成する前に、ワープロソフトと同じように自分の好みにあった設定に変更した方が、効率よく作業ができます。プレゼンテーションソフトを起ち上げ、新規スライドを選ぶと図3-1のような空白のスライドが現われます。その中の［ファイル］タブをクリックすると、設定変更ができる［オプション］というメニューがあります（図3-2）。

図3-1

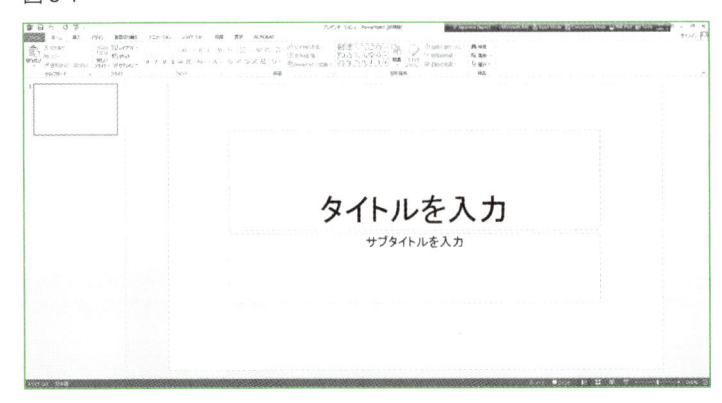

図3-2 　　図3-3

　［オプション］を選択すると、ウィンドウが開くので、そのメニューから［文章校正］を選びます（図3-3）。そして、［オートコレクトのオプション］（図3-3）をクリックすると、第1章ワープロソフトの時と同じように、Enterキーを押すと同時に箇条書きの書式をつけたり、アルファベットの1文字目を自動的に大文字に変更したりするオートコレクト機能の設定を変えることができます。PowerPointは、発表の時に使うものなので、箇条書きでキーポイントを提示することがよくあります。ですから、箇条書きの書式にはチェックを入れておいた方が便利でしょう。

2 プレゼンテーションスライドの作成

　プレゼンテーションソフトを起ち上げ、新規スライドを選ぶと図3-1のような空白のスライドが現われます。最初のスライドは「タイトルスライド」で、プレゼンテーションのタイトルを入れられるようになっていますから、自分のプレゼンテーションのタイトル、あるいは、授業の名前をワープロソフトでテキストを入力する時と同じ要領で入れます（図3-4）。「タイトルを入力」と「サブタイトルを入力」をクリックすると、テキストボックスが選択され、文字を入力することができます。

図 3-4

　次に、実際に文型を説明するためのスライドを作成してみましょう。今はタイトルスライドしかないので、［ホーム］タブの［スライド］メニューにある［新しいスライド］をクリックすると、新しいスライドが追加できます（図3-5）。作成したいスライドの内容によって、スライドの種類を選択します。ここでは、［タイトルとコンテンツ］を使ってみましょう。スライドを削除したい時は、削除するスライドを選択し、削除（BackSpace）キーを押します。

図 3-5

タイトルには「形容詞の過去形」と入力し、[ホーム] タブの [段落] にある [中央揃え] の書式をつけました。そして、コンテンツには例文を入力し、[箇条書き] を使って、行頭に黒点（・）がついています（図3-6）。

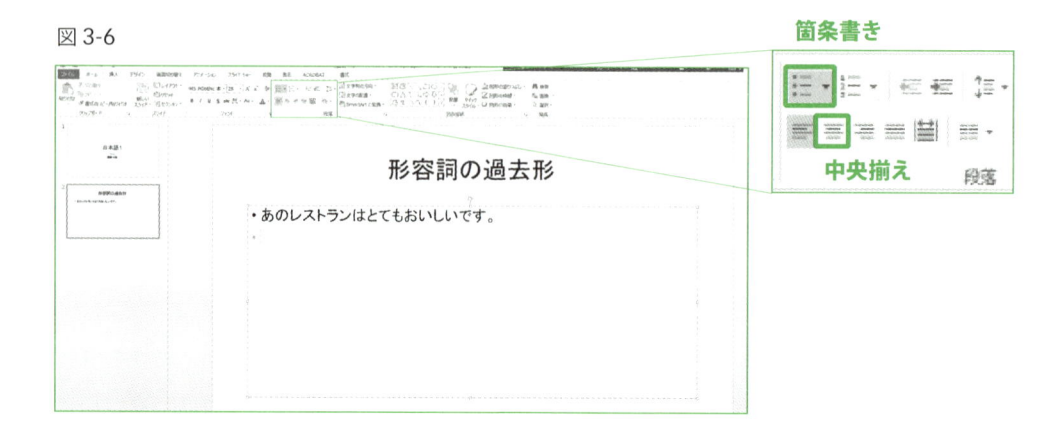

図 3-6

次に、形容詞を過去形に活用させた文を入力します。そして、活用する部分を分かりやすくするために、フォントの色を変えてみます。形容詞の「かった」を選択し、[ホーム] タブの [フォント] から [フォントの色] の矢印をクリックし、使いたい色を選びます（図3-7）。

図 3-7

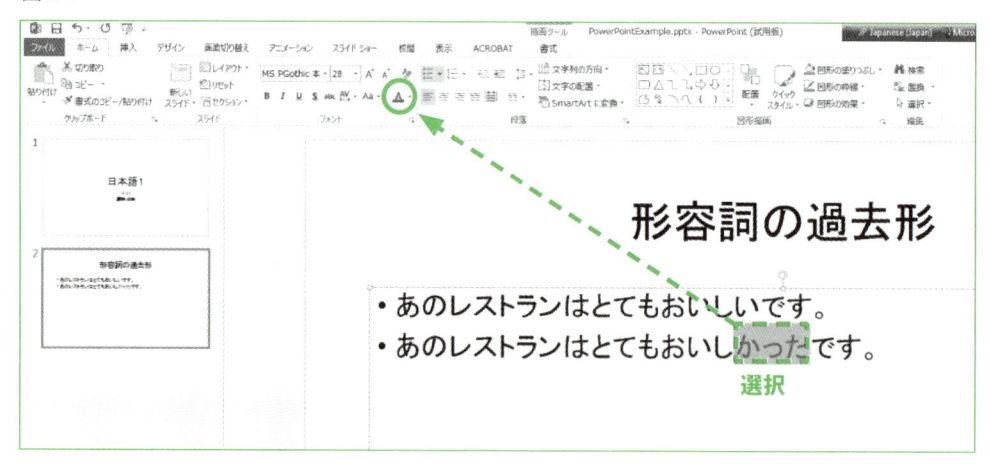

同じ要領で、例文をいくつか入力してみます。そして、できあがったスライドを授業で見せる時のような「スライドショー」にしてみましょう。画面の最上部にある [先頭から開始] をクリックする（図3-8）と、タイトルスライドから始まります。Spaceキーか Enterキー、あるいは下（もしくは右）矢印キーを押すと、次のスライドに進みます。前のスライドに戻りたい場合は、BackSpaceか上（もしくは左）矢印キーを押します。

図 3-8

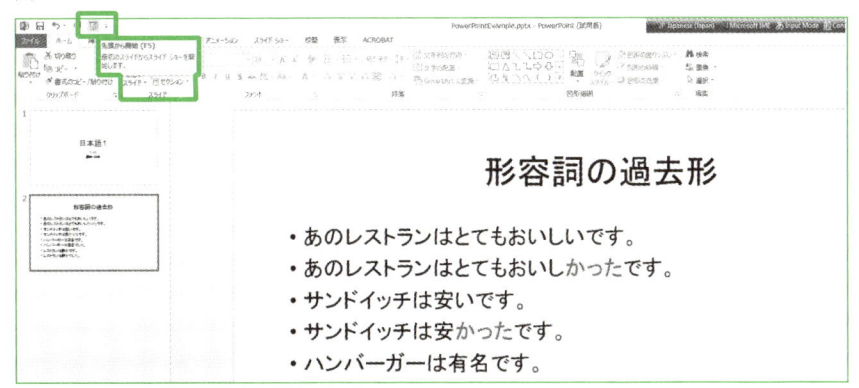

途中でスライドショーを終了したい時は、画面左下にカーソルを移動すると6つのボタンが現れるので一番右［⊙］をクリックすると、メニューが出るので［スライドショーの終了］を選びます（図3-9）。または、キーボードの一番左上にある esc （エスケープ）キーでも終了できます。

図 3-9

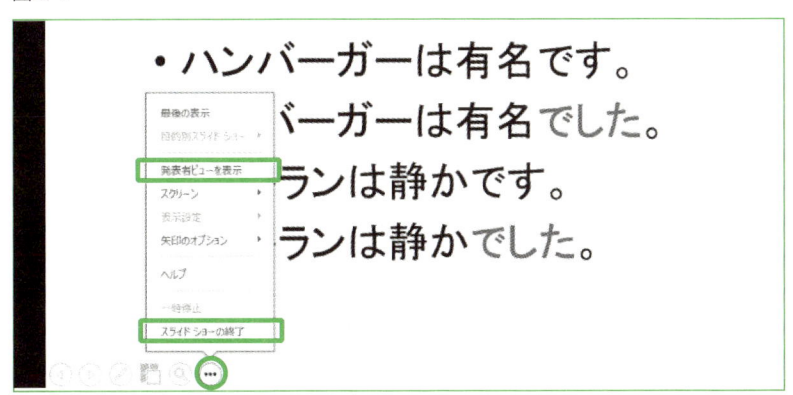

このメニューにある［発表者ビューを表示］は、非常に便利な機能です。例えば、スライドを見せながら何か説明を加えなければならない時には、説明の内容をスライドの「ノート」に書き留めておくことができます。図3-10の［ノート］をクリックすると、スライドの下に「ノート」が現われるので、説明する時に忘れたくない大切な情報を入力しておきます。

図 3-10

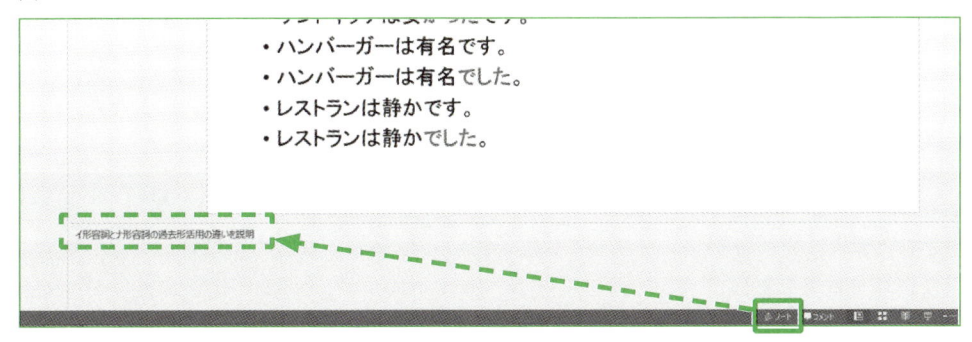

そしてスライドショーを開始してから［発表者ビューを表示］を選択すると、使っているコンピュータのモニターは図3-11のような画面になります。しかし、プロジェクターから投影されるのはスライドだけなので、学生にはノートは見えません。普通のスライドショーに戻したい時は、同じく一番右のボタン［⋯］をクリックすると［発表者ビューを非表示］というメニューがあります。

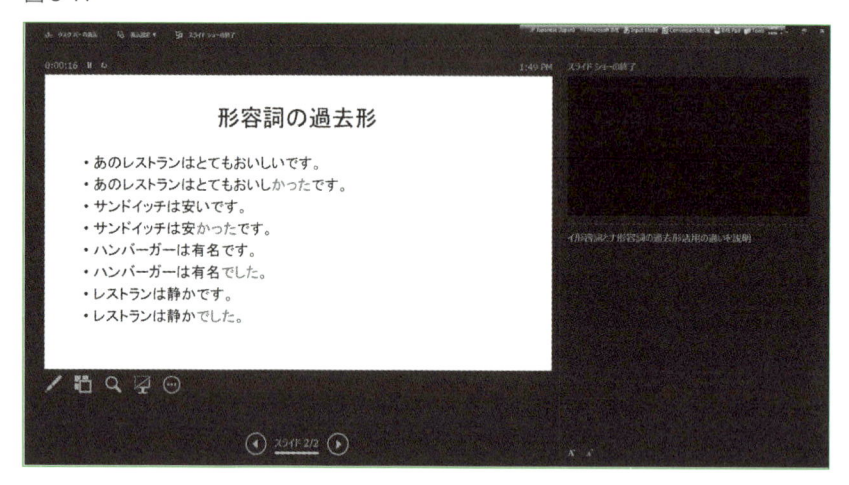

図 3-11

　図3-9の左下にあるボタンの右から2番目、虫眼鏡［🔍］をクリックすると、スライドのズームインができます。学生に注意してもらいたい部分を大きく見せることができます。ボタンを押すと、ズームインする範囲を示す枠が現われます（図3-12）。その枠を動かして大きく見せたい部分を選びます。ズームをやめたい時は、escキーを押します。

図 3-12

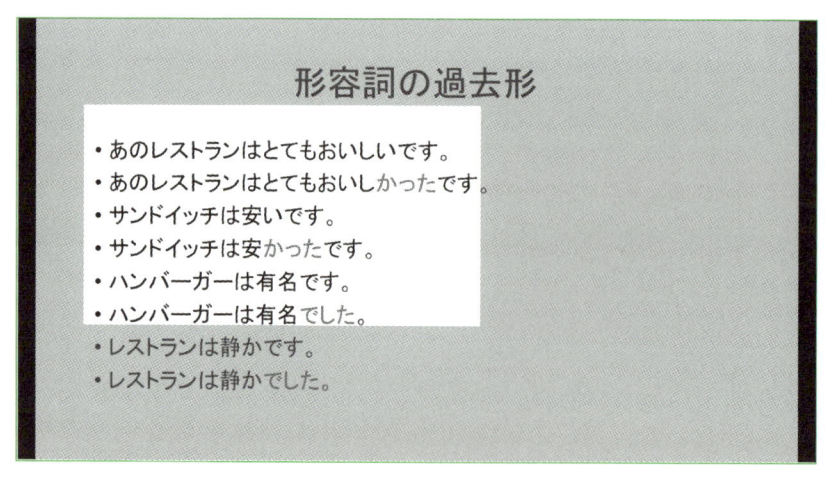

　図3-9の右から3番目のボタン［▦］を押すと、全てのスライドがサムネイルで小さく表示されます（図3-13）。その時、スクリーン上にはその時点で見せていたスライドが映し出されたままです。ですから、スライドを最初から順番にではなく、飛ばしながら見せたい時には便利でしょう。

図 3-13

　最後に、図3-9の右から4番目のペンのボタン［✐］を押すと、図3-14のようにレーザーポインターやペン、蛍光ペンが使えるようになります。レーザーポインターは、学生が注目すべきところを指すのに便利です。蛍光ペンを使えば、大切な部分に線を引くこともできます。また、タッチスクリーンのコンピュータやタブレット端末を使っている場合には、ペンを使ってスライドに細く説明や例文などを直接書き込むこともできます。もちろん普通のマウスでも字を書けますが、微妙な操作が必要なのであまり実用的ではないでしょう。

図 3-14

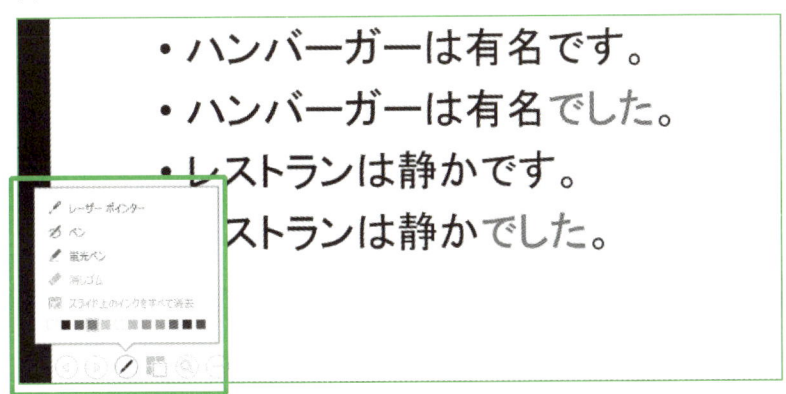

　以上がプレゼンテーションスライド作成の基本です。思ったよりも簡単だと感じたのではないでしょうか。これを機会に、是非使ってみて下さい。しかし、一つ注意点があります。これまで、スライドショーへの切り替え方が分からない、前のスライドへの戻り方が分からないといった理由で、授業や学会発表に支障が出た場面を何度も見たことがあります。いざ使う時に慌てないためにも、PowerPointは必ず事前に操作方法を確認し慣れておきましょう。

▶ ウェブサイトの関連動画ヘルプ

1. スライド作成の基本
2. フォントの色やサイズを変更

使える技 1　キーボードでのスライド操作

　PowerPointを使う上で非常に役立つのが、キーボードを使ってのスライド操作です。特に便利なものをいくつか紹介します。
- [F5]キー＝スライドショーの開始
- [Shift]キー＋[F5]キー＝今見ているスライドからスライドショー
- （スライドショーの状態で）数字キー→[Enter]キー
　　＝任意の（数字の）スライドに飛ぶ

　授業でPowerPointを使って説明している時に、板書をすることもあります。そんな時は、プロジェクターのライトが邪魔になるので、プロジェクターのスイッチをオフにすることがありますが、再度スイッチをオンにするとスライドが見えるようになるまで時間がかかります。そこで、
- [B]キー＝スクリーンを黒くする
- [W]キー＝スクリーンを白くする

を使うと便利です。

　また、授業中には、Wordを使ってワークシートを見せたり、ブラウザで関連情報を見せたり、PowerPoint以外のアプリケーションを使うことがあります。その時、
- [Alt]キー＋[Tab]キー＝アプリケーションの切り替え（[Tab]キーを押すことで、開いているアプリケーションが順番に選択できます。）

を使うと、いちいちスライドショーを終了させたり再開させたりすることなくアプリケーションの切り替えができ、時間の節約にもなります。授業はもとより、時間が限られている学会発表（一般的に20分）でも時間管理に有効です。

3　アニメーション

　私たちが聞き手の時に、図3-15のようなプレゼンテーションスライドを見たらどうするでしょうか。スライド上にどんな例文や情報が提示されているのか、ざっと最後まで目を通そうとするのではないでしょうか。恐らく、学生も同じように、スライドの最初から最後まで素早く目を通そうとするはずです。しかし、教師としては学生にそれぞれの文の形容詞の活用に注意をしてもらいたいと思うでしょう。ですから、一つ目の例文の形容詞の変化について説明している時には、その文だけに注目していてもらいたいでしょう。

図 3-15

> 形容詞の過去形
> ・あのレストランはとてもおいしいです。
> ・あのレストランはとてもおいしかったです。
> ・サンドイッチは安いです。
> ・サンドイッチは安かったです。
> ・ハンバーガーは有名です。
> ・ハンバーガーは有名でした。
> ・レストランは静かです。
> ・レストランは静かでした。

　そんな時に役立つ機能が「アニメーション」です。マウスをクリックすることで発表者のタイミングで情報を提示することができ、より効果的なプレゼンテーションが可能になります。[アニメーション] タブをクリックすると、どのようにアニメーションを開始するのか選べます（図3-16）。今はアニメーションを使っていないので「なし」の状態ですが、文のどこかをクリックし、[アピール] を選んでみると、図3-17のように各文の前に数字が現われます。スライドショーを始めた時に、マウスでクリックするか Enter キー、矢印キーを押すことで、この順番で文が提示されることを意味しています。

図 3-16

図 3-17

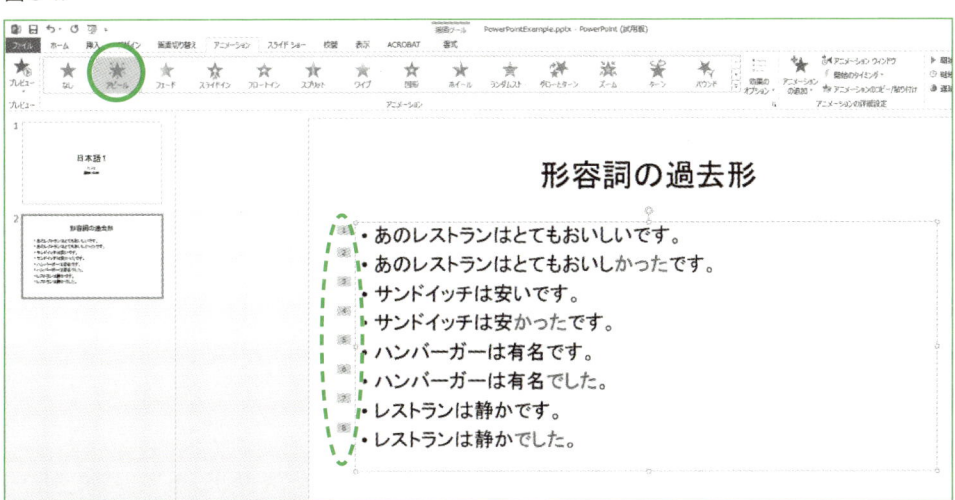

文を提示する順番は変えることができますし、複数の文や情報を一度に提示することもできます。［アニメーション］タブの［アニメーションの詳細設定］にある［アニメーションウィンドウ］をクリックすると、アニメーションウィンドウが開きます。その中の［1　コンテンツプレース］の左下にある小さい下向きの二重矢印をクリックすると、図3-18のように使われているアニメーションが全て示されます。

図 3-18

　ウィンドウには、アニメーションで提示される順番通りに文が並んでいます。例えば、1番目の文の後に3番目の文を提示したい時は、3番目の文をクリックしたまま1番目と2番目の文の間に動かします。すると、図3-19のように赤い線が現われ、順番を入れ替える位置が示されます。

図 3-19

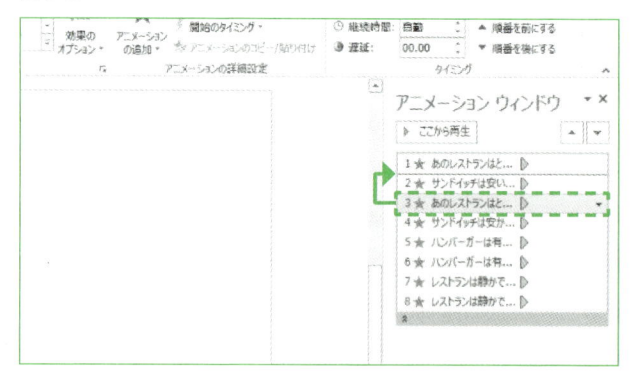

　アニメーションウィンドウに表示されている文の1つを選択し、一番右側にある黒矢印をクリックすると、様々なメニューが表示されます（図3-20）。今の状態だと［クリック時］が選択されているので、クリックすることで、文が現われます。［直前の動作と同時］を選ぶと、前の文を提示するためのクリックと同時に次の文が現われるようになります。［直前の動作の後］は、前の文を提示した後に、自動的に次の文が現われます。そして、［タイミング］をクリックし、次の文が自動的に提示されるタイミングを調整します。図3-21は、前の文が提示されてから4.5秒後に自動的に次の文が提示されることを意味しています。

図 3-20

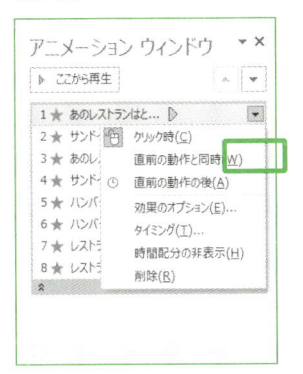

図 3-21

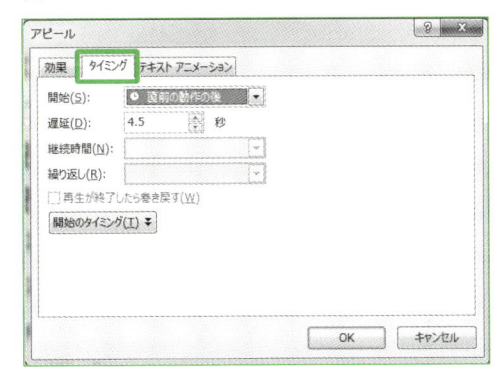

［効果］を選ぶと、［サウンド］（クリックした時に流れる効果音）や［アニメーション後の動作］（文を提示した後に、フォントの色を淡くしたり見えなくしたりするなど）、［テキストの動作］（文を文字や単語単位で順番に表示）も設定することができます。

図 3-22

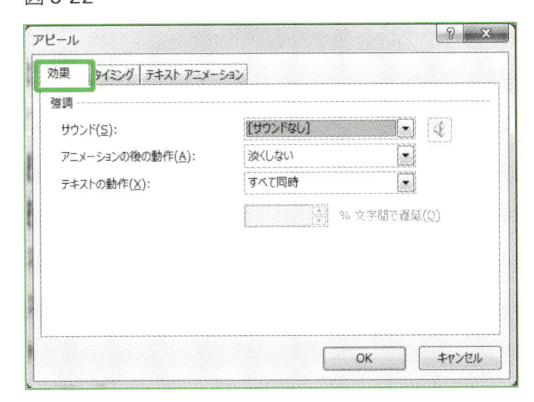

アニメーションには様々な種類があります。［アニメーション］タブの［アニメーション］の下矢印（図3-23）をクリックすると、他の種類が現われます（図3-24）。［開始］は1つずつ文や段落が現われますが、［強調］は、1つ1つの文や段落を光らせたり大きくしたりして強調するためのアニメーションです。［終了］は、すでに提示されている文や段落を1つずつ消していくことができます。ですから、目的によって使い分けてみるといいでしょう。

図 3-23

プレゼンテーションソフト（PowerPoint）

75

少し複雑になりますが、[ユーザー設定パス](図3-24)を使うと、道順を示すアニメーションを作ることもできます。

図3-24

ダウンロード：
[ユーザー設定パス]を使った地図の道順を示す PowerPoint ファイル

まず、「白紙」のスライドを追加します。そして、図形を挿入したり無料のイラスト集を活用して、図3-25のような地図を作成します。

図3-25

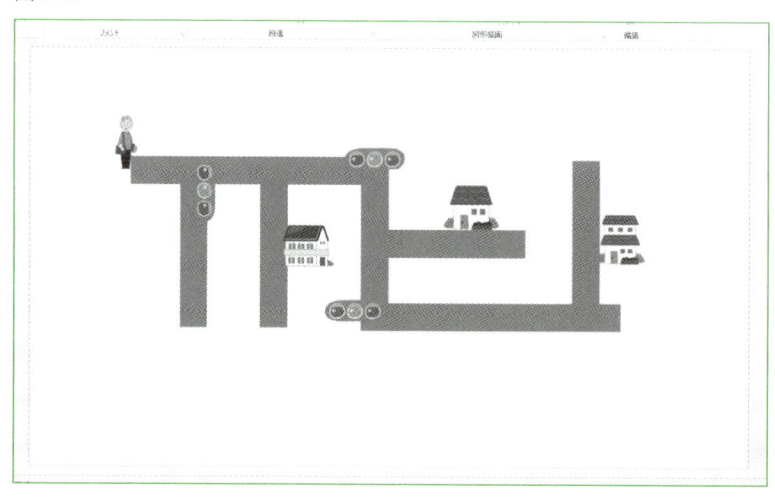

この地図の中の人の絵を動かすことで、家までの行き方を提示します。人の絵を選択した後にアニメーションの[ユーザー設定パス](図3-24)をクリックします。すると、カーソルが十字に変わりますから、マウスを使って家までの道順を地図上に描きます。出発地点で一度クリックを押します。そして、曲がる地点でまたクリック、次に曲がる地点でクリックというように道順を描きます。各曲がり角に点を置いていく要領です。目的地まで描き終わったら、最後はダブルクリックします。すると、図3-26の点線が示すように、道順に沿って人の絵が動くアニメーションができます。

図 3-26

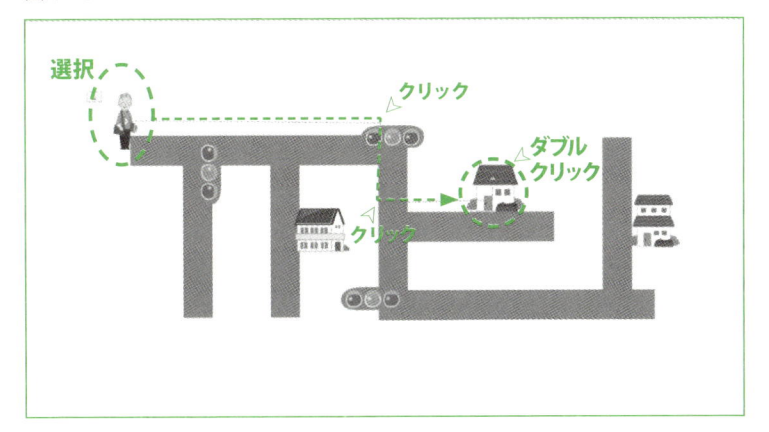

アニメーションのスピードが速すぎる場合は、設定した道順（パス）を選択してから［アニメーション］タブの［タイミング］にある［継続時間］を増やしてみましょう（図3-27）。すると、アニメーションのスピードが遅くなります。

図 3-27

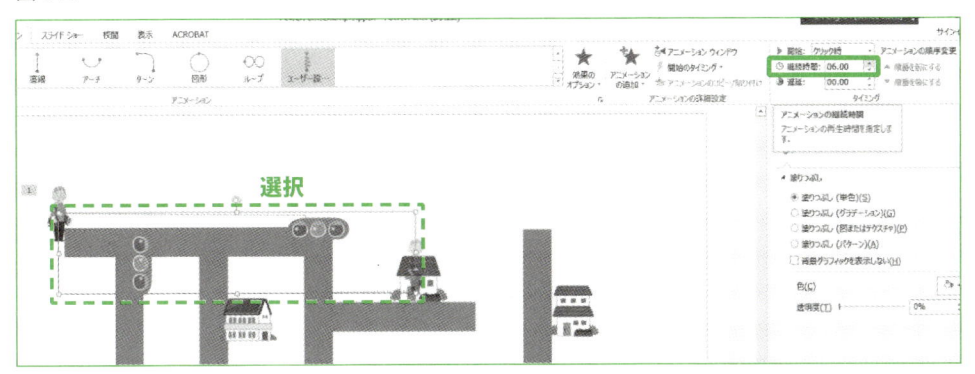

プレゼンテーションスライドの目的は、芸術的にきれいで手の込んだスライドを作成することではなく、聞き手に見やすく分かりやすいスライドを作成することです。そのためには、まず、たくさんの色を使いすぎない方が見やすいです。フォントの色は多くても、3色ぐらいにとどめましょう。また、アニメーションを無駄に使い過ぎないことも大切です。「動き」は聞き手の注意を引きつけるのに効果的です。しかし、不用意に使うと聞き手の注意を「動き」のある方へそらしてしまうことになり、かえって逆効果になります。また、［デザイン］タブをクリックすると、スライドの背景とフォントの色の様々な組み合わせを選ぶことができますが、ここでも重要なのは見やすさです。暗い色の背景に明るい色のフォントは一見おしゃれに見えるのですが、長時間見ていると目に負担がかかります。明るい色の背景と明るい色のフォント、あるいはその逆に、暗い色の背景に暗い色のフォントも、聞き手には非常に見づらいので使わないほうがいいでしょう。くどいようですが、一番大切なのは見やすさと分かりやすさです。色やアニメーション、背景、画像などを使う時には、本当に必要があるのかどうか、使う目的は何なのかを自問自答してみることをおすすめします。

▶ **ウェブサイトの関連動画ヘルプ**
1. アニメーションの基本
2. 様々なアニメーションの設定
3. ユーザー設定パスの使い方

使える技 2 　提示する情報を視覚的にまとめる

　見やすいスライドを作るには、提示する情報を関連する項目ごとにまとめることが大切です。そんな時に役立つ機能が「インデント」です。インデントを増やしたり減らしたりすることで、情報を視覚的に分けて提示することができます。［ホーム］タブの［段落］にある［インデントを増やす］をクリックすると、テキストが1段中央に寄りフォントが小さくなります。またクリックすると、さらにもう1段中央に寄りフォントがさらに小さくなります。［インデントを減らす］はその逆で一段左側に寄り、フォントが大きくなります。図3-28では、読解理解の問題ごとに回答と使うべき文法項目をインデントを使ってまとめています。スペースキーではなくこの機能を使うことで、より見やすいスライド作成が効率的にできるようになります。

図3-28

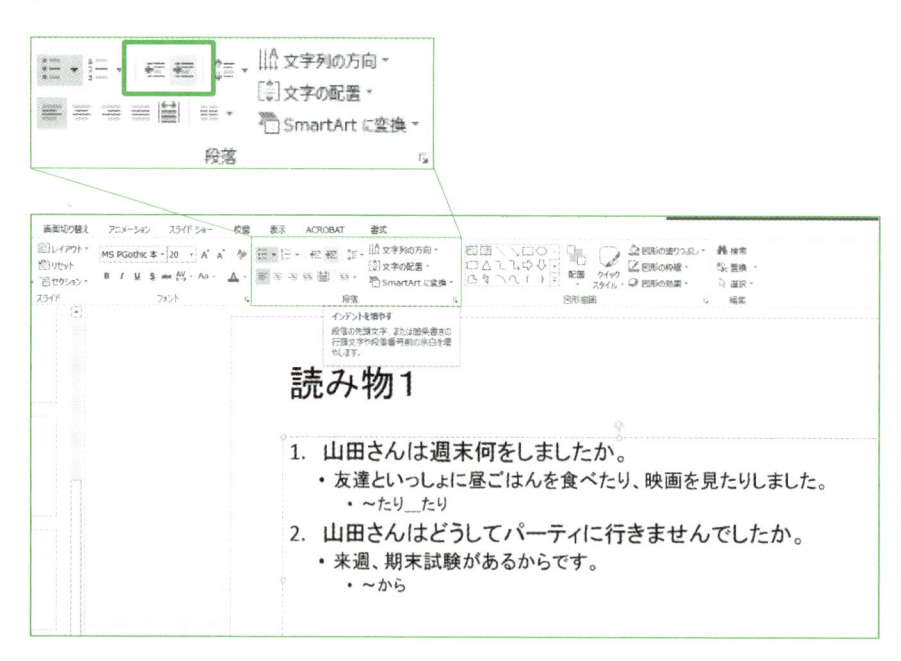

4 画像や動画の挿入

　授業のためのプレゼンテーションスライドでは、写真や絵を名詞や動詞の導入に使ったり、文化紹介のために動画を見せたりしたいことがあります。ここでは、画像や動画、図形の挿入について説明します。
　まず、画像を挿入するには、［挿入］タブの［画像］から一番左の［画像］を選択します（図3-29）。すると、画像ファイルを選ぶウィンドウが開くので、使いたい画像を選ぶと画像を挿入できます。

図3-29

　動画の場合は、［挿入］タブの［メディア］から［このコンピューター上のビデオ］を選択します（図3-30）。挿入する動画ファイルを選ぶウィンドウが開くので、動画ファイルを選びます。

図3-30

すると、図3-31のように動画をスライド上で見せることができます。動画なのでコントロールバーが一番下に付いていて、再生ボタンを押すことで動画の再生が始まります。

図 3-31

▶ **ウェブサイトの関連動画ヘルプ**

1. 画像の挿入
2. 動画の挿入

使える技 3　図形を動かすのに便利なキー操作

　授業で新しい語彙の紹介で絵を使いたい時に、適当な絵を探すのにかなり時間がかかります。そんな時は、無料でイラストを提供しているサイトを利用すると便利です。以下にプレゼンテーション用の絵やアイコンを提供しているサイトを紹介します。
　　　無料イラスト　「かわいい素材集　いらすとや」（www.irasutoya.com）
　　　クリップアートやテンプレート素材の無料ダウンロード　「プリントアウトファクトリー」（www.printout.jp）
　また、矢印や四角、丸などの図形を挿入した際、上手に挿入したい場所に動かすのが難しいことがあります。そんな時は、図形を選択した後、矢印キーを使ってみましょう。マウスよりも微調整がしやすいはずです。[Alt]キーを押しながら右・左矢印キーを押すと、図形を回転させることもできます。そして、[Shift]キーを押しながら矢印キーを押すと、サイズを変えることができます。

5 ハイパーリンク

　ウェブサイトを見ている時に、テキストの一部が青くなっていて、そこをマウスでクリックすると、そのテキストに関連した別のサイトが開くことがあります。これは、ハイパーリンクと呼ばれる別のサイトのアドレス情報が埋め込まれているからです。PowerPointスライドにもこのハイパーリンクを挿入することができ、授業内容に関連したウェブサイトを紹介できます。例えば、授業で日本語学習に便利なサイトを紹介したい場合、図3-32のようにウェブサイトの名前を入力し、リンクをつけたい文字列を選択した後、［挿入］タブの［リンク］から［ハイパーリンク］を選びます。

図 3-32

　すると、［ハイパーリンクの編集］というウィンドウが開くので、［リンク先］は［ファイル、Webページ］を選択し、［アドレス］の欄にリンクをつけたいウェブサイトのアドレスを入力します（図3-33）。そして、［OK］をクリックすると、選択した文字列に下線が引かれ青く変わっています。これはリンクが挿入されていることを意味します。スライドショーの時に文字列をクリックすると、リンクしたウェブサイトが開きます。

図 3-33

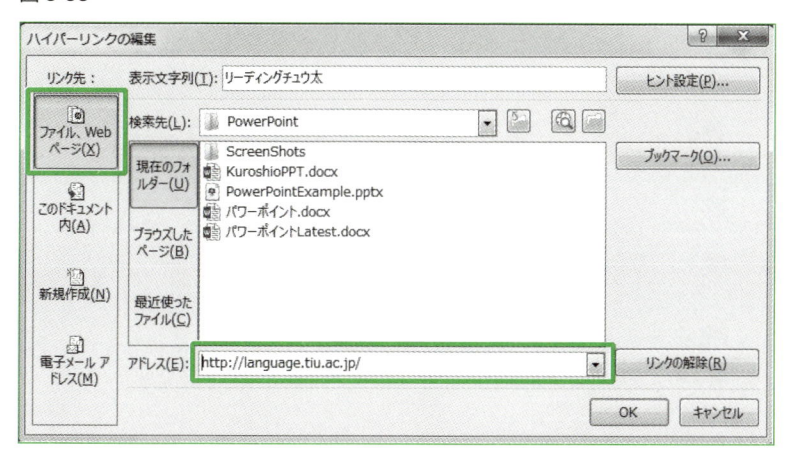

ハイパーリンクを使う時にも一つ注意すべきことがあります。それは、インターネットのスピードです。自宅で試した時にはすぐにウェブサイトが開いて見られたのに、実際に教室のコンピュータを使った時にはなかなかウェブサイトが開かず、結局見せるのを諦めたという話を聞いたことがあります。実際にスライドを見せる前に、リンクしたウェブサイトが開くかどうか試しておくといいでしょう。もしインターネットのスピードが遅い場合や絶対に見せる必要がある場合には、実際の授業や発表前に、あらかじめスライドショーの状態からハイパーリンクを挿入したテキストをクリックし、リンクしたウェブサイトをブラウザで開いておくことをお勧めします。

　このハイパーリンクは、ウェブサイト以外にプレゼンテーションスライドにリンクをはることもできます。1日の授業の終わりに、その日に勉強したことを簡単に復習したい時には、このハイパーリンクを使って図3-34のように［リンク先］には［このドキュメント内］を選び任意のスライドへのリンクをはっておきます。学生の理解を確認した後、必要があれば、クリックするだけで重要なスライドに戻ることができます。

図3-34

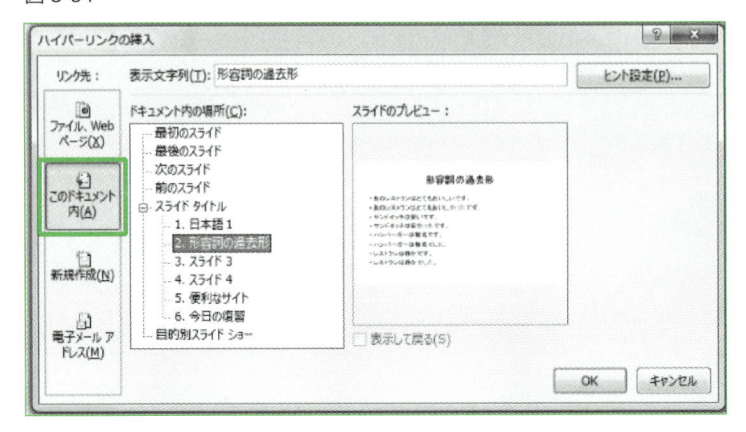

　また、ハイパーリンクは文字列だけではなく、画像ファイルにもつけることができるので、画像ファイルをクリックすることで別のスライドを見せることができます。例えば、図3-35のように、動物の名前を紹介するために、各スライドに画像ファイルを挿入し、日本語と英語の意味を入力しておきます。

図3-35

次に、全ての動物の画像を挿入したスライド（スライド13）から、ウサギの画像ファイルを選び、［挿入］タブ＞［リンク］＞［ハイパーリンク］を選択します。ウィンドウが開くので、一番左の［リンク先］から［このドキュメント内］をクリックし、ウサギのスライド10を選びます（図3-36）。これで、ウサギの画像をクリックすると、ウサギのスライドに飛ぶようになります。

図3-36

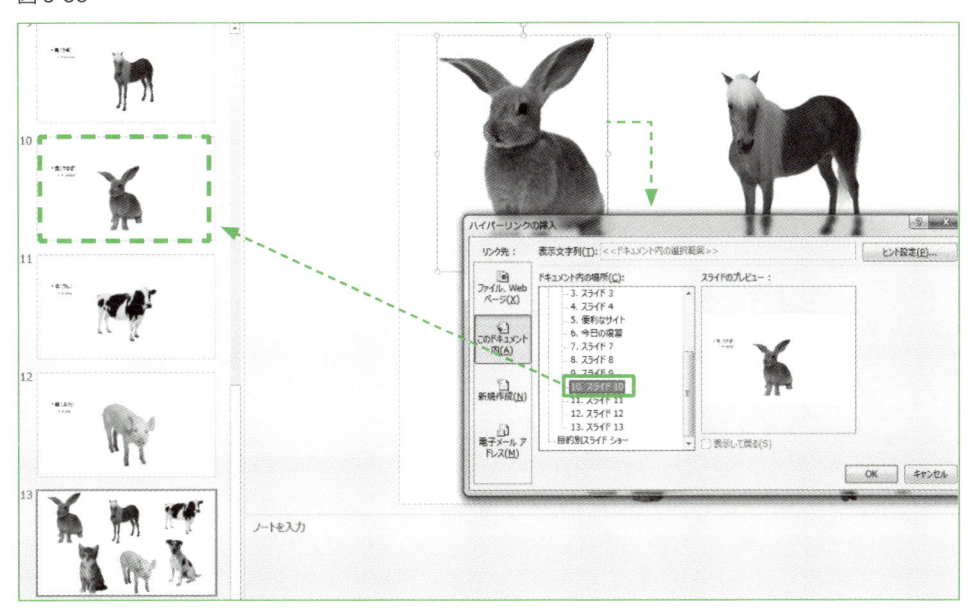

ウサギのスライドを見せた後に、再度全ての動物の画像があるスライドに戻れるように、ウサギの画像にもハイパーリンクをはっておきましょう（図3-37）。

図3-37

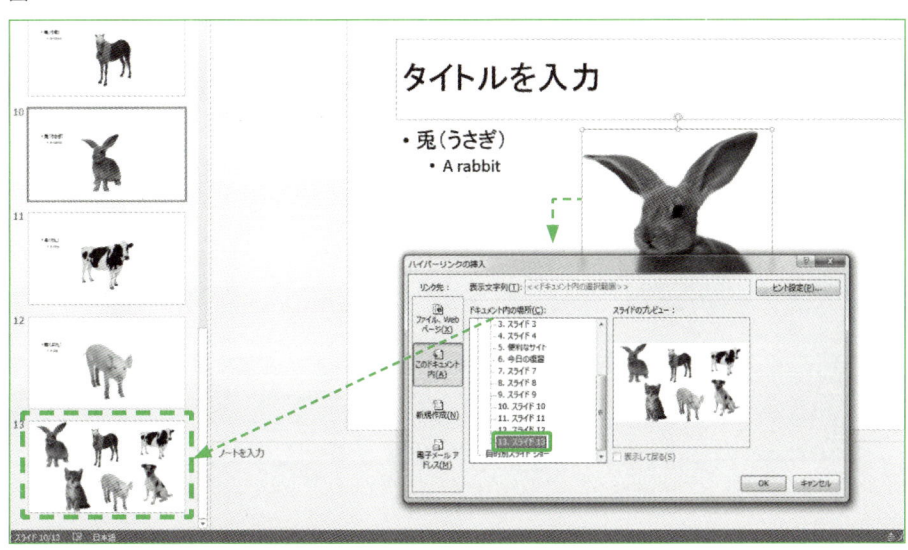

ホームページからのダウンロード：
　ハイパーリンクをはった動物のスライドサンプル

　このようなスライドは、新しい語彙の導入をする時に利用できます。全ての動物の画像ファイルが入ったスライドを見せ、理解を確認するために動物を1つずつ指して学生に単語を言わせます。もし、覚えていない単語があれば、その画像をクリックすることで、文字情報（日本語のつづりや母語での意味）があるスライドを見せることができます。

▶ **ウェブサイトの関連動画ヘルプ**
1. ウェブサイトへのハイパーリンクの挿入
2. スライドやファイルへのハイパーリンクの挿入

使える技 4　画像や動画を挿入したPowerPointファイルサイズの圧縮

　授業で使う場合、画像や動画を入れることもよくあります。すると、どうしてもファイルサイズが大きくなってしまいます。そんな時は、［ファイル］タブをクリックし、メニューの［情報］から［メディアの圧縮］を選びます（図3-38）。矢印をクリックすると、3つの選択肢があるので、自分の環境に合ったものを選びます。基本的に、画像や動画の画質が良いということは、ファイルサイズも大きくなり、逆に画質が悪ければファイルサイズは小さく抑えられます。

図3-38

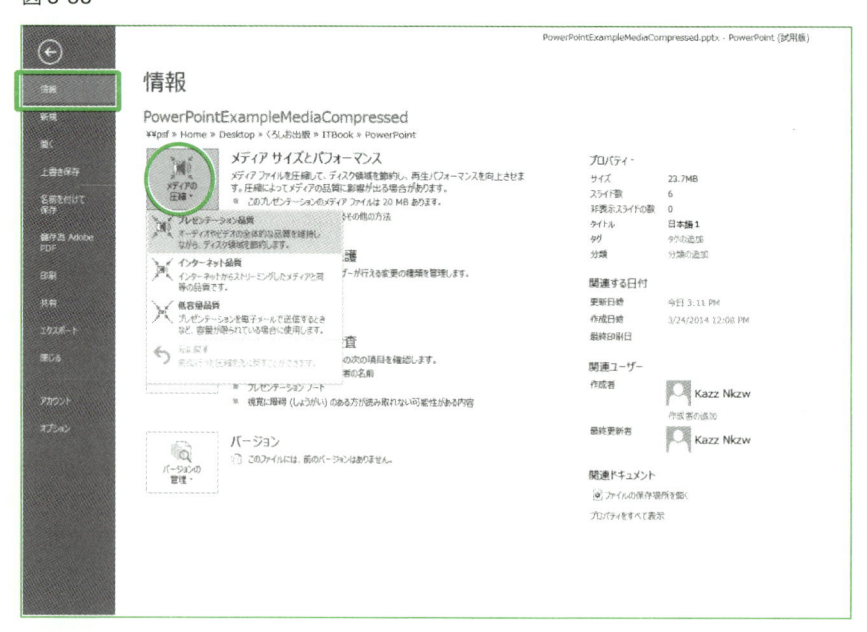

4. テキスト形式（Text File）

　第2章の表計算ソフトでは、語彙リストにフィルターをかけることで、任意の語彙だけを表示する方法を紹介しました。このように、語彙リストは表計算ソフトを使って作成した方が、使い勝手がいいでしょう。しかし、皆さんの中には、これまでワープロソフトを使って語彙リストを作っていた方もいると思います。その語彙リストを表計算ソフトで作り変えようと思うと、膨大な時間がかかります。そんな時に便利なのが、本章で扱う「テキスト形式」です。「テキスト形式」とは書式情報を含まない文字情報だけの書式で、この書式で保存されたファイルを「テキストファイル」と言います。文字情報だけで構成されているので汎用性が高く、例えば、Wordで作成したファイルをExcelで開いたり、その逆をしたり、一つのファイルを色々なアプリケーションを使って開くための橋渡しをしてくれます。この「テキスト形式」の利用方法を理解しておくと、それぞれのアプリケーションの長所を活かした情報処理が可能になるので、コンピュータ活用の幅が広がります。

- 拡張子とは
- Word文書をテキスト形式で保存
- Excelブックをテキスト形式で保存
- 貼り付けのオプション
- テキスト形式保存の活用例

1 拡張子とは

「テキスト形式」の利用方法について説明をする前に、「拡張子」を理解しておきましょう。「拡張子」とは、ファイル名の最後についている主に3～4文字のアルファベットのことで、よく目にするのは「doc」や「docx」「xls」「xlsx」「jpg」などでしょう。拡張子の機能は、ファイルの種類を識別することです。「doc」はWord97から2003年版の文書、「docx」は現在のWord文書という具合に、拡張子によってファイルの種類が分かります。この拡張子があるため、ファイルをダブルクリックすることで、アプリケーションが起ち上がりファイルが自動的に開かれるのです。

皆さんのコンピュータでは、拡張子が見えるでしょうか。設定によって表示・非表示できるので、見えていない方もいると思います。拡張子は、基本的には見えていた方が便利なので、表示する設定をしてみましょう。基本ソフトWindows 7では、［スタート］をクリックし、［コントロールパネル］を選択します（図4-1）。Windows 8では、スタート画面の一番左下にある小さい矢印をクリックし、全てのアプリケーションを表示し、その中から［コントロールパネル］をクリックします（図4-1）。画面に表示されていない場合は右へスクロールしてみて下さい。

図4-1

Windows 7 の場合　　　　　　　　Windows 8 の場合

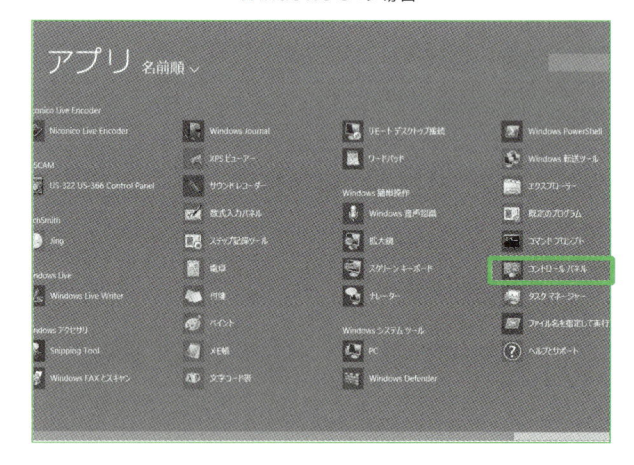

すると、ウィンドウが開きます。表示方法を［大きいアイコン］として、［フォルダーオプション］（図4-2）を選ぶとまたウィンドウが開きます。その中の［表示］タブをクリックし、［登録されている拡張子は表示しない］のチェックを外します（図4-3）。これで、全てのファイルの名前の後に拡張子が表示されるようになります。

図 4-2

図 4-3

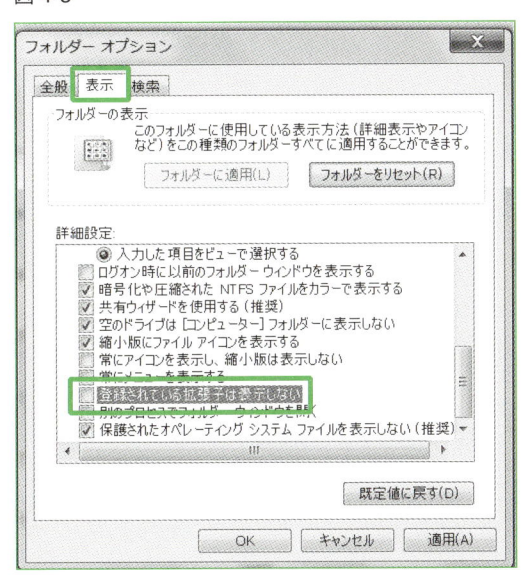

　拡張子の働きを理解するため、ここで1つ実験をしてみましょう。Wordを起ち上げ、簡単な文を入力しデスクトップ上に保存して下さい。ファイル名は「Test」とします。コンピュータのデスクトップ上の今保存したファイルを右クリックして、[名前の変更]を選び、拡張子「.docx」を削除して下さい。[拡張子を変更すると、ファイルが使えなくなる可能性があります。変更しますか?]というメッセージが出ますが、[はい]を選びます。すると、今までのWord文書のアイコンが別のものに変わってしまうはずです。そのファイルをダブルクリックして開いてみましょう。どうでしょうか。自分でファイルを開くためのアプリケーションを選ばなければならないはずです。

　これは、ファイルの種類を識別する拡張子を削除してしまったためです。ファイルの種類を識別できず、コンピュータがどのアプリケーションで開いていいのかが分からなくなってしまったのです。普段、ファイルを開くには、アイコンをダブルクリックするのが当たり前のことになっていますが、実は拡張子があるおかげで、1)ファイルの種類の識別と2)適したアプリケーションを起ち上げてファイルを開くという2つの作業が行われているのです。

それを確認するため、Wordの［ファイル］タブをクリックし［開く］を選び、先ほど拡張子を削除して開けなくなったファイルを選択してみて下さい。今度はファイルが開けたはずです。拡張子はなくなりましたが、ファイルを作成した本人はファイルの種類を知っています。ですから、自分で適したアプリケーションを起ち上げ、そこからファイルを選択し開くことができたのです。

▶ ウェブサイトの関連動画ヘルプ

1. 拡張子の表示
2. 拡張子の変更とその影響

使える技 1　拡張子を常に表示させる利点

　本節では、拡張子の表示方法を紹介しましたが、皆さんのコンピュータも拡張子が常に表示されるように設定しておいた方がいいでしょう。理由は、ウィルス対策です。皆さんの中にも、メールで受け取ったWordやExcel、画像ファイルをダブルクリックしたら、知らないアプリケーションが起ち上がったという経験をしたことがある人がいるのではないでしょうか。

　これは、ファイル名が「Read.doc」や「test.jpg」のように見えても、実は「doc」や「jpg」の後ろにスペースをたくさん入れて、ウィルスやスパイウェアでよく使われる「exe」という本当の拡張子が見えないようにされているのです。ですから、拡張子が見えないように設定されていると、ファイル名しか見えないので、ついWordファイルや画像ファイルだと思い込んでダブルクリックしてしまいます。しかし、常に拡張子が見えるようにしておけば、ファイル名が長くても拡張子が表示されるので、異なる2種類の拡張子がファイル名に入っていることが分かります。

2　Word文書をテキスト形式で保存

　テキスト形式で保存をすると、文字情報だけが保存され、それ以外は全て失われてしまいます。つまり、画像や、オブジェクト（図形）、書式（フォントサイズや色、下線、中央揃え、タブの位置など）は、全て保存されません。文字情報だけで構成されているので、汎用性が高く色々なアプリケーションで開くことができます。しかし、テキストファイル[1]のアイコンをダブルクリックすると、「メモ帳」というMicrosoft Windowsに付属しているテキストを編集するアプリケーションが起ち上がり、ファイルが開かれてしまいます。ですから、目的に応じて使いたいアプリケーションを先に起ち上げ、そのアプリケーションから開きたいテキストファイルを選択して開くようにします。

1　本章の「テキストファイル」とは、テキスト形式で保存されたファイルのことを指します。

では、「テキスト形式」でファイルを保存してみましょう。まず、Wordの新規文書を開いて、何か日本語のテキストを入力してみましょう。テキスト形式で保存した後の違いを理解するため、フォントの色やサイズを変えたり、中央揃えなどの書式をつけてみましょう（図4-4）。そして、そのまま普通にWord文書（つまり、拡張子は「(*.docx)」）として保存をしてみましょう。

図 4-4

次に、テキスト形式で保存をするため、［ファイル］タブの［名前を付けて保存］を選びます。ファイル名を入力した後、［ファイルの種類］で［書式なし（*.txt）］を選ぶことを忘れないで下さい（図4-5）。

図 4-5

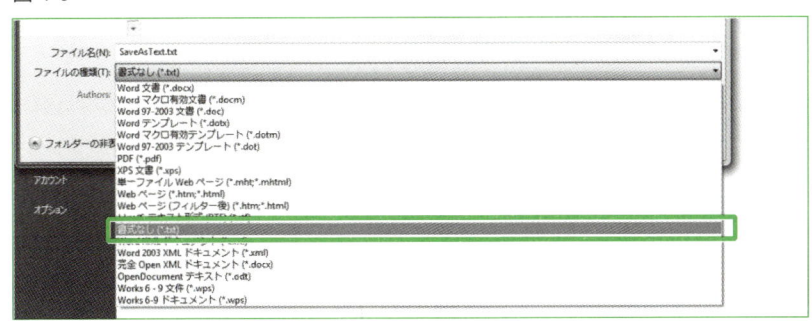

［保存］ボタンをクリックすると、［ファイルの変換］というウィンドウが開きます（図4-6）。規定値だと、「日本語」が正しく記録されないので、後ほどファイルを開いても文字化けをしてしまいます。ですから、［エンコード方法］で［その他］をクリックし、日本語が正しく記録されるエンコード[2]方法［Unicode］を選びます（図4-7）。そして、［OK］をクリックします。これで、Word文書のテキスト形式保存が完了です。

図 4-6   図 4-7

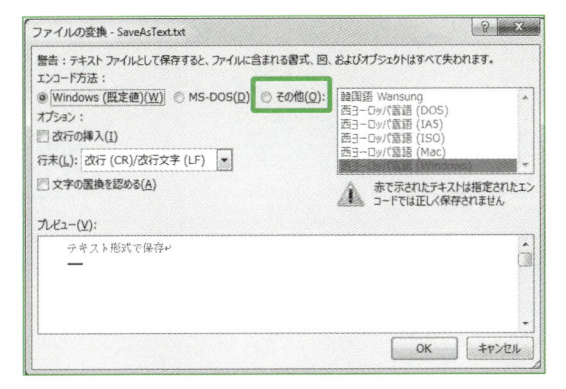

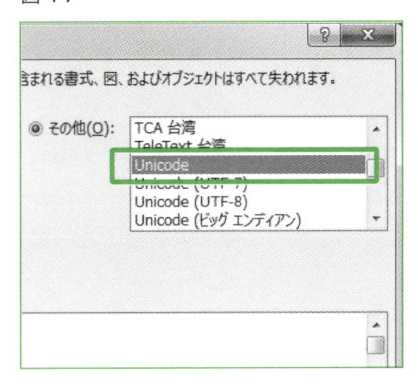

2　エンコードとは、文字情報を一定の規則に従ってデータに変換し記録することです。

早速、このテキストファイルをWordを使って開いてみましょう。[ファイル]タブの[開く]から、今保存したテキストファイルがあるフォルダを開いてみて、ファイルが見つけられない場合は、図4-8にあるように、[すべてのファイル]を選ぶことで、テキストファイルも見えるようになります。

図 4-8

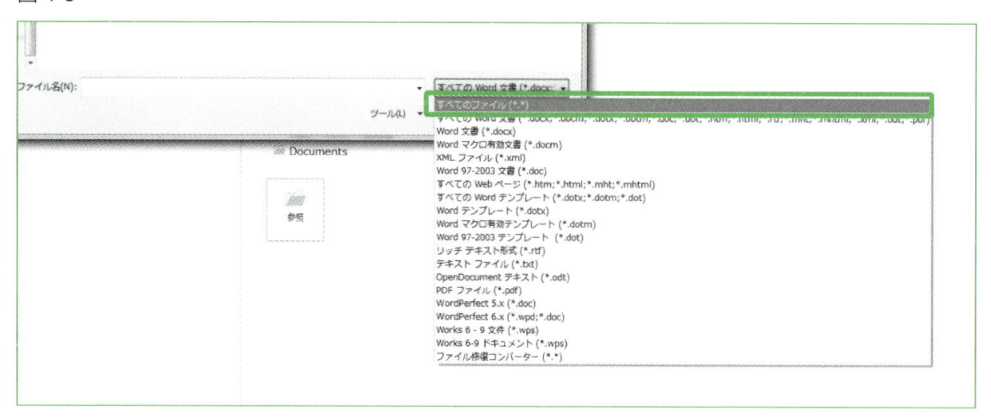

Word文書として保存したものと、テキスト形式で保存したものを見比べてみてください。Word文書では、フォントのサイズは16ptで色が赤く、中央揃えになっていますが、テキスト形式で保存したものは、図4-9のようにフォントのサイズは10.5ptで黒く、中央揃えもなくなっています。

図 4-9

▶ ウェブサイトの関連動画ヘルプ

1. テキスト形式での保存
2. テキストファイルの開き方

使える技 2　PDFファイルをテキスト形式で保存

　最近の学会では、予稿集を印刷せずPDFファイルとして参加者に提供することが多くなってきています。学会発表の中には、便利なサイトを紹介しているものや、学生に有益な文法の学習法などをまとめたものがあり、学生と共有することを許可している発表者もいます。

　しかし、予稿集のファイルには学生には不必要な部分もあるので、教師は重要な部分だけを抜き出し、配布資料にまとめることがあります。そんな時は、PDFファイルをテキスト形式やWord文書として保存をすると、編集しやすくなります。ワープロソフトと同じように、［ファイル］メニューから［名前を付けて保存］を選びます。あとは、［ファイルの種類］からテキスト形式やWord文書を選択するだけです。ただし、ファイルの作成者がセキュリティ設定で、内容のコピーや抽出に制限をかけている場合はできません。また、編集をした場合でも、情報源である発表者やどこで発表された情報であるのかは、明記しておくようにしましょう。

3　Excelブックをテキスト形式で保存

　Wordファイルだけではなく、表計算ソフトのExcelブックもテキスト形式で保存することができ、保存されたテキストファイルはワープロソフトを使って開くことができるようになります。まず、図4-10のように、数名の学生とクイズの成績を入力して、通常のExcelブック（つまり、拡張子は「xlsx」）として保存をしてみましょう。

図4-10

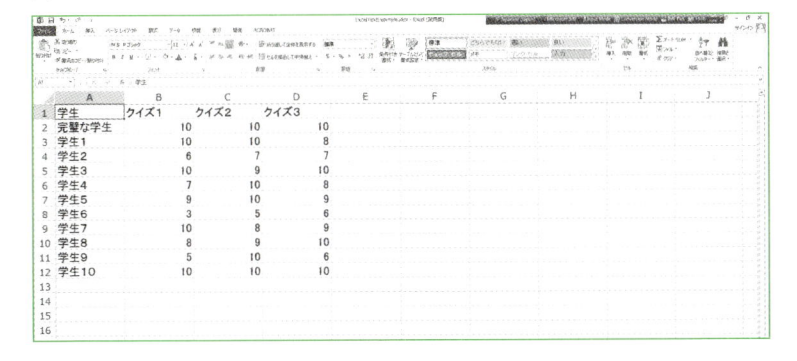

　次に、このExcelシートをテキスト形式で保存します。エクセルの［ファイル］タブから［名前を付けて保存］を選びます。Wordをテキスト形式で保存する時と同じように、［ファイルの種類］を［Excelブック］ではなく、［Unicodeテキスト（*.txt）］を選びテキスト形式で保存をします（図4-11）。テキスト形式で保存した場合、そのファイルを閉じる時に、再度［変更内容を保存しますか？］というアラートが出ますが、［保存］をクリックします。

図 4-11

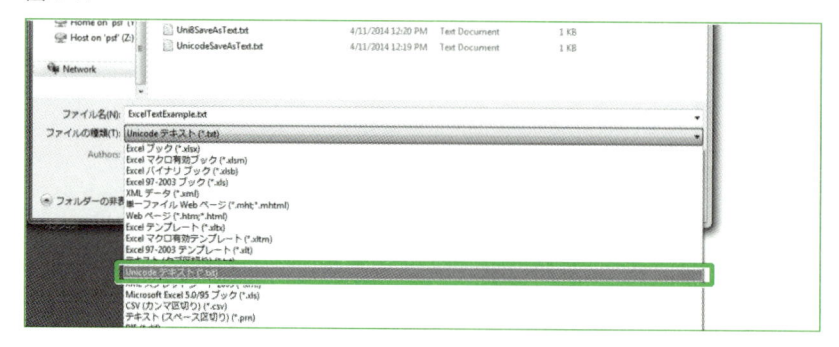

保存したテキストファイルをWordを使って開いてみましょう。本章第1節と同じ手順です。Wordを起ち上げ、［ファイル］タブから［開く］を選択します。そして、テキストファイルが保存されているフォルダを開きますが、図4-8のように［すべてのファイル］が見えるようにしましょう。開いてみると、図4-12のように、文字列や数字だけが保存されているのが分かります。Excelブックでは学生の名前はA列、クイズ1の成績はB列、クイズ2はC列というように、別々の列に情報が入っていましたが、異なる列の情報は「タブキー」で区切られています。

図 4-12

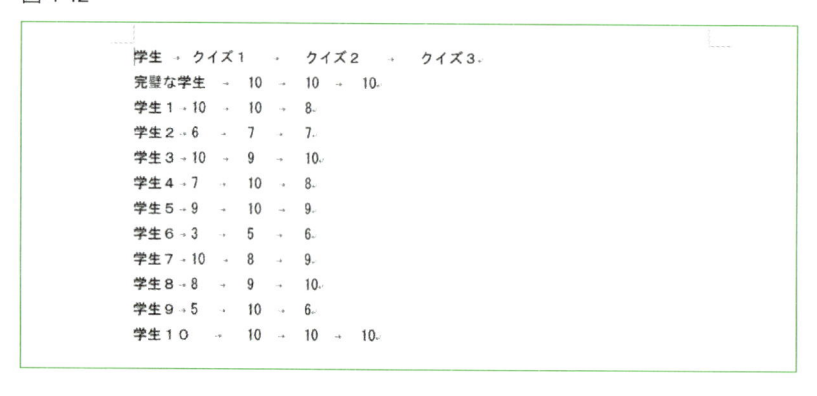

ですから、今の状態だと見にくい情報ですが、例えば［中央揃えタブ］をWordのルーラー上に置くことで、見やすくすることができます（図4-13）。

図 4-13

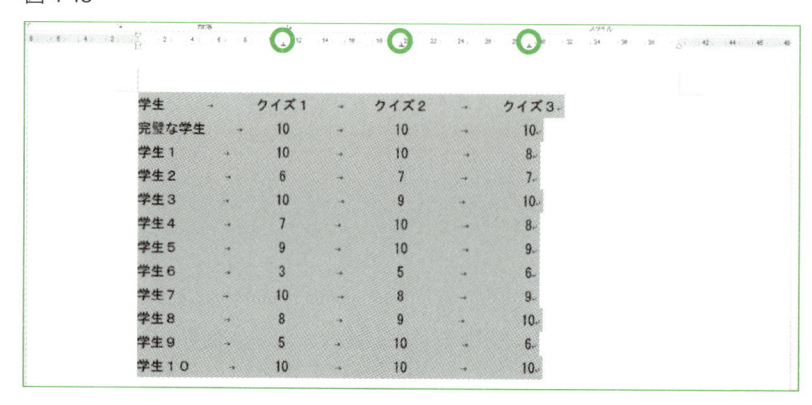

このように、[テキスト形式で保存]というステップを経ることで、Excelで作成したファイルをWordで開いたり、その逆に、Wordで作成したファイルをExcelで開くこともできるようになります。

　では、どんな時にテキスト形式での保存が必要になるのでしょうか。例えば、同僚と共有するため、Wordを使って学生のクイズの点数レポートを作成した後、平均点を付け加えたいと思ったことはないでしょうか。そんな時に、このテキスト形式保存が役立ちます。図4-13のように、複数のクイズの点数をタブキーで区切って入力した場合、全部をコピーして直接Excelに貼り付けても、図4-10のように複数のクイズの点数が別々の列に入ります。しかし、スペースで区切っている場合（図4-14）は、図4-15のように複数のクイズの点数が1つセルに入ってしまいます。

図4-14

図4-15

　このような場合は、テキスト形式で保存をすると便利です。図4-14はWord文書ですが、テキスト形式で保存をします。そのテキストファイルを、Excelで開いてみましょう。すると、[テキストファイルウィザード]というウィンドウが開きます（図4-16）。これは、テキストファイルをExcelで開く場合に、どのようにデータを各列に振り分けて表示するかを設定するためのものです。今開こうとしているテキストファイルは、スペースによって情報、つまりクイズの成績が区切られているので、[カンマやタブなどの区切り文字によってフィールドごとに区切られたデータ]を選び、[次へ]をクリックします。

図4-16

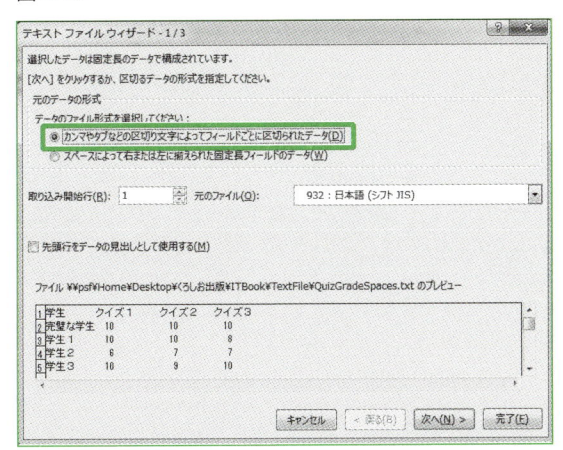

テキスト形式
(Text File)

次のステップ（図4-17）では、情報を区切っている文字を指定します。今の状態では［タブ］にチェックが入っているので、［データのプレビュー］を見ると、情報が各列に正しく表示されていません。

図 4-17

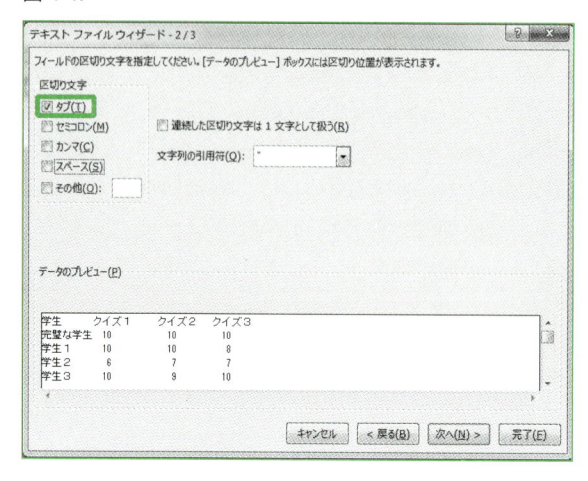

そこで、［タブ］のチェックを外し、［スペース］にチェックを入れてみると、図4-18のように、情報が各列に入っています。［データのプレビュー］で正しく表示されていれば、［次へ］をクリックします。

図 4-18

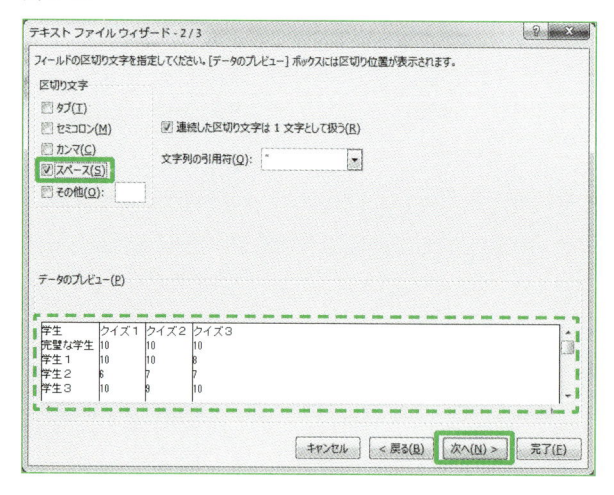

最後のステップ（図4-19）では、情報をどのように表示するかを設定したり、不必要な情報の列を削除したりできます。今開こうとしているテキストファイルの情報は全て必要なので、「完了」をクリックします。

図 4-19

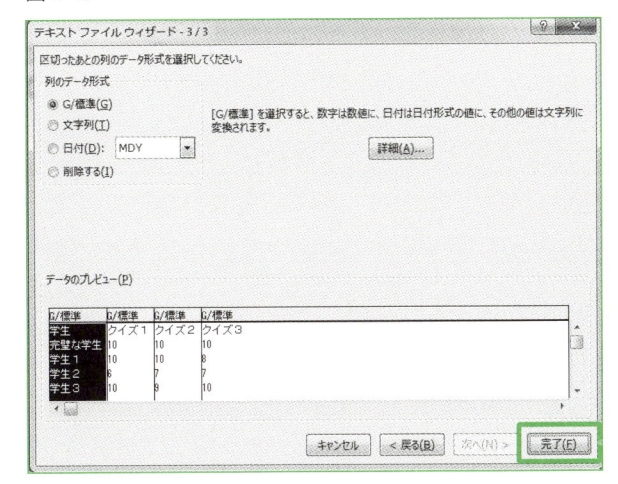

すると、スペースで区切られた情報も、各列にきれいに入って表示されました。これで、各学生の平均点や、クイズごとの平均点を追加することができます。このように、テキストファイルを活用することで、複数のアプリケーションを使ってデータのやりとりができ、仕事の効率化が図れます。

図 4-20

▶ ウェブサイトの関連動画ヘルプ

1. Excel ブックをテキスト形式で保存
2. Excel でテキストファイルを開く
3. ［貼り付けのオプション］から［テキストのみ保持］を使って貼り付け

テキスト形式（Text File）

使える技 3　異なる区切り文字のテキストファイル

　本節では、Excelブック（.xlsx）を「テキスト形式（.txt）」で保存することで、Wordなどの他のアプリケーションでも開けることを紹介しました。実は、Excelではさらに2つの異なる形式で保存し、テキストファイルにすることができます。これは、他のアプリケーションとの互換性を保つために用意されている機能で、「CSV（カンマ区切り）」と「テキスト（スペース区切り）」があり、拡張子はそれぞれ「.csv」と「.prn」です（図4-21）。これらのファイル形式も色々なアプリケーションで開くことができるので、テキストファイルと言えます。しかし、「区切り文字」、つまり、ExcelブックのA列やB列などのテキストや数字の情報を区切る文字が、「テキスト形式（.txt）」の「タブキー」とは異なり、「CSV（カンマ区切り）」はカンマ、「テキスト（スペース区切り）」はスペースです。

図4-21

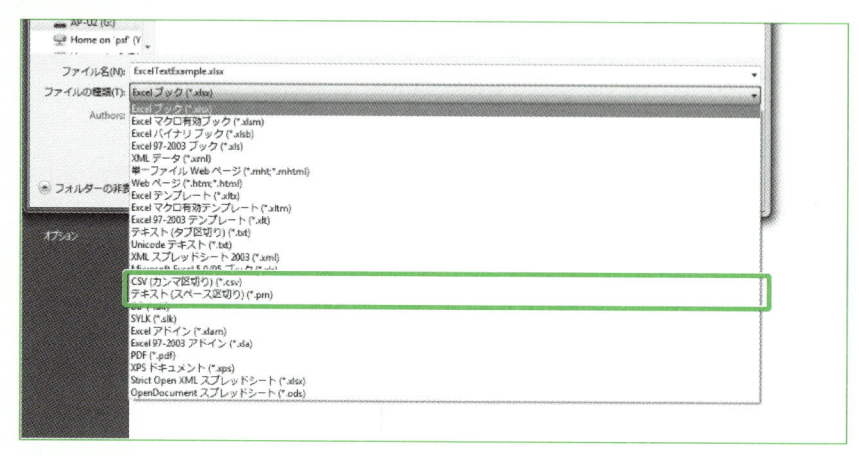

4　貼り付けのオプション

　テキスト形式での保存に関連して、もう一つ覚えておくと便利な機能としてワープロソフト（Word）や表計算ソフト（Excel）の［貼り付けのオプション］があります。前節のクイズの成績を例に説明します。
　最終的に図4-20のクイズ成績レポートをWord文書にしたい場合は、Excelで平均点を加えた後に成績全体をコピーし、図4-22のようにWordに貼り付けるのが一番早いでしょう。

図 4-22

しかし、Excelから情報をコピーしてWordに貼り付けると、表が挿入されてしまいます。例えば、数字データを小数点で揃える書式付けの作業は表がない方がしやすいので、テキストだけを貼り付けたい時は、Wordの［ホーム］タブの［クリップボード］から［貼り付け］を選びます。矢印をクリックすると、いくつかメニューが出るので、その中から［テキストのみ保持］を選択します。こうすることで、表は挿入されず、必要なテキストだけが貼り付けられます（図4-23）。

図 4-23

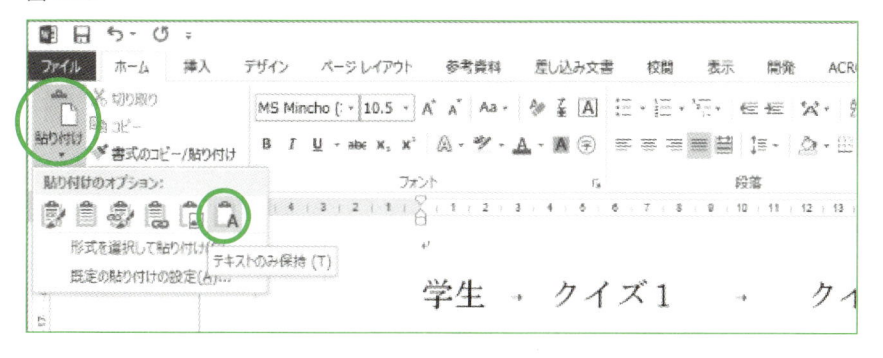

Excelでの貼り付けに関して、もう一つ覚えておいた方がいいことがあります。図4-24のように平均点を足した後、学生個人の各クイズ成績を削除して、平均点だけ残したいとします。

図 4-24

当然、必要がないB列からD列までを削除しますが、そうすると図4-25のように平均点が消えて、エラーが出てしまいます。何故かと言うと、平均点は関数を使って算出しているので、今貼り付けたのは平均点そのものではなく、関数だったのです。そして、その関数は各クイズの点数を参照して平均点を算出していますが、その参照先のクイズの点数、つまりB列からD列までを削除してしまったため、何を基に計算すればいいのかが分からなくなってしまったのです。

図 4-25

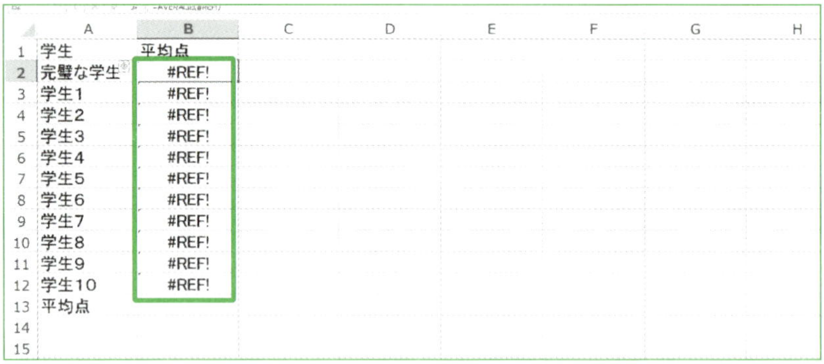

　そんな場合は、新しいシートを挿入し、まず学生の名前をコピーし貼り付けます。そして、平均点をコピーした後、B列を選択して右クリックします。メニューが表示されるので、［貼り付けのオプション］から［値］を選択し貼り付けます。こうすることで、関数ではなく、関数によって算出された値だけ貼り付けることができます。試しにシート1のB列からD列までを削除してみて下さい。シート1の平均点は、またエラーになってしまいますが、シート2の平均点は正常に表示されています（図4-26）。

図 4-26

▶ ウェブサイトの関連動画ヘルプ

1. ［貼り付けのオプション］から［テキストのみ保持］を使って貼り付け

使える技 4　Wordで書式設定の手間を省く書式のコピー/貼り付け

　第1章でよく使う書式を登録して「スタイル」として使う機能を紹介しましたが、それと似たようなことが貼り付けでできます。図4-27のように設問を入力しているとします。最初の問題の書式を2問目にも使いたい場合は、使いたい書式が使われている部分、つまり1問目を選択し、［ホーム］タブの［クリップボード］から［書式のコピー/貼り付け］を選びます。そして、その書式を使いたい部分、つまり2問目を選択（ハイライト）すると、自動的に同じ書式が適用されます。

図 4-27

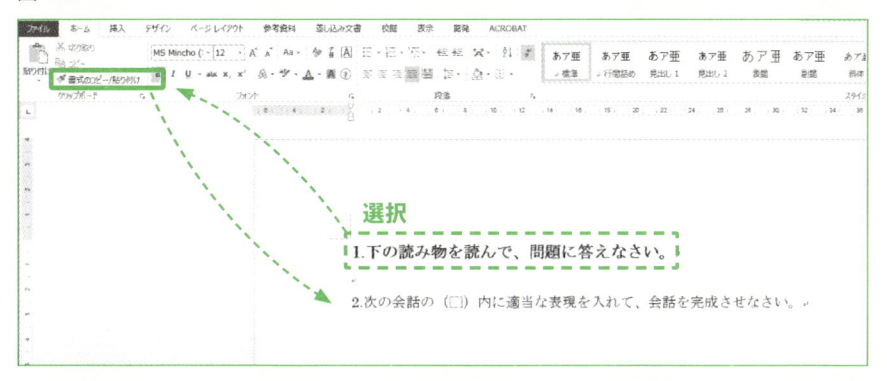

5　テキスト形式保存の活用例

　ここまで、WordファイルやExcelファイルのテキスト形式での保存について説明してきましたが、ここで具体的な活用例をいくつか紹介したいと思います。一つ目の例は、ワープロソフトで作成した単語リストです。図4-28のように新しい単語が「漢字→タブキー→ひらがな→タブキー→英語の意味」の順番で並んでいます。

図 4-28

このリストを、図4-29のように「ひらがな→漢字→タブキー→英語の意味」の順番に並べ替え、なおかつ、漢字は括弧に入れたい場合、どうしたらいいでしょうか。ワープロソフト上でこの作業をしようとすると、かなり面倒です。しかし、単語リストのファイルをテキスト形式で保存をし、表計算ソフトを使って作業をすると、比較的簡単に効率的に作業ができます。

図 4-29

けいえいがく (経営学)	・	business administration
ちゅうごく (中国)	・	China
だいがく (大学)	・	college, university
くに (国)	・	country
けいざいがく (経済学)	・	economics
こうがく (工学)	・	engineering
えいご (英語)	・	English
いちねんせい (一年生)	・	first-year student
ともだち (友達)	・	friend
だいがくいん (大学院)	・	graduate school
こうこう (高校)	・	high school
せんせい (先生)	・	instructor, professor
せんこう (専攻)	・	major

　もし、手元に自分で作った単語リストがある場合は、それを使ってみましょう。単語リストのファイルがWord文書の場合は、テキスト形式で保存をしましょう。単語リストがない場合は、本書ウェブサイトからファイルをダウンロードして下さい。まず、区切り文字に注意をしながら（本章3節）、テキスト形式で保存された単語リストのファイルを表計算ソフトで開きます。図4-30の状態になるので、B列とC列の間に、新しい列を挿入します。

図 4-30

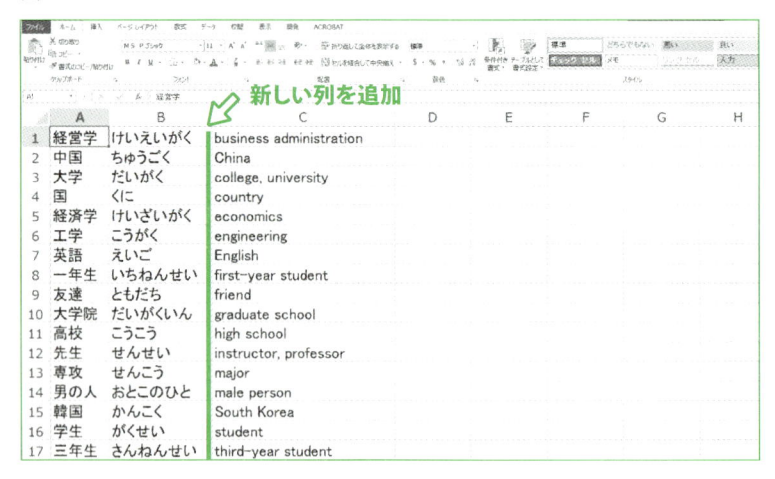

	A	B	C
1	経営学	けいえいがく	business administration
2	中国	ちゅうごく	China
3	大学	だいがく	college, university
4	国	くに	country
5	経済学	けいざいがく	economics
6	工学	こうがく	engineering
7	英語	えいご	English
8	一年生	いちねんせい	first-year student
9	友達	ともだち	friend
10	大学院	だいがくいん	graduate school
11	高校	こうこう	high school
12	先生	せんせい	instructor, professor
13	専攻	せんこう	major
14	男の人	おとこのひと	male person
15	韓国	かんこく	South Korea
16	学生	がくせい	student
17	三年生	さんねんせい	third-year student

→ 新しい列を追加

ウェブサイトからダウンロード：
　単語リストサンプル

テキスト形式 (Text File)

元の単語リストを「ひらがな→漢字→タブキー→英語の意味」の順番に並べ替え、漢字は括弧に入れなければならないので、今挿入した新しい列に関数を入力します（図4-31）。この関数は、複数のセルの値を1つのセルに出力する時に便利なものです。

=CONCATENATE（B1, " ", " (", A1, ") "）
・セルB1の値、スペース、(、セルA1の値、) を出力しなさい。

図4-31

この関数を使うと、効率よく列の並べ替えや任意の文字の挿入などができます。最終的にWord文書にしたい場合は、C列とD列をコピーし、Wordに貼り付けます。この時、［貼り付けのオプション］の［テキストのみ保持］を選択すれば、表が挿入されません（図4-32）。

図4-32

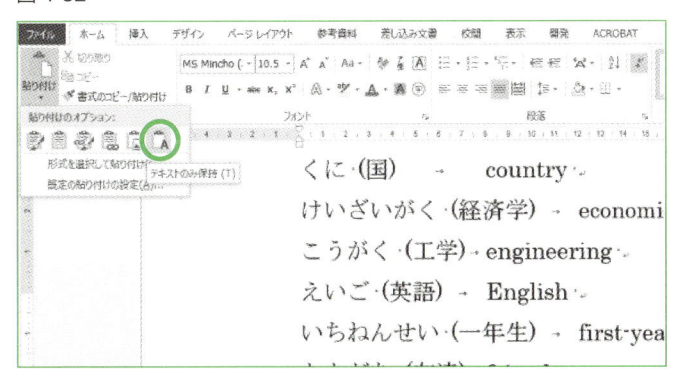

テキスト形式（Text File）

次の例は、学生リストを作成する時です。学期始めに学校から送られてきたファイルには、図4-33のような学生リストがありました。「学生の姓→，(カンマ)→学生の名→タブキー→学籍番号」の順番で並んでいますが、使い勝手と学生のプライバシー保護のために「学生の名→スペースキー→学生の姓→タブキー→学籍番号の下4桁」の順番に並べ替えたい（図4-34）場合、どうしたらいいでしょうか。

図4-33

```
Anderson, Amy          859-78-3411
Benner, Phillip        912-04-2200
Bialk, Andrew          504-98-5880
Chosnek, Erin          376-19-4399
Goldenberg, Michael    325-88-4454
Grady, Crystal         390-96-8653
Heying, Sarah          809-02-3033
Crichton, Alicia       322-86-2251
Curl, David            335-86-4924
Kennedy, Aaron         398-72-3750
Marth, Elizabeth       560-88-0171
McDonald, Heidi        451-65-4456
McKim, Cory            456-99-7123
Miller, Paige          410-86-3638
Ormiston, Camille      501-08-0627
```

図4-34

```
Amy Anderson           3411
Phillip Benner         2200
Andrew Bialk           5880
Erin Chosnek           4399
Michael Goldenberg     4454
Crystal Grady          8653
Sarah Heying           3033
Alicia Crichton        2251
David Curl             4924
Aaron Kennedy          3750
Elizabeth Marth        0171
Heidi McDonald         4456
Cory McKim             7123
Paige Miller           3638
Camille Ormiston       0627
```

テキスト形式 (Text File)

ウェブサイトからダウンロード：
学生リストサンプル

学生リストはテキストファイルですから、表計算ソフトで開きます。後の作業を考えると、学生の姓と名が別々の列に入っていた方がいいでしょう。また、学籍番号もハイフン（-）を区切り文字として分けておいたほうがいいです。ですから、情報の区切り方を設定する時に、図4-35のように［タブ］と［カンマ］にチェックを入れ、［その他］のところにはハイフンを入力します。

図4-35

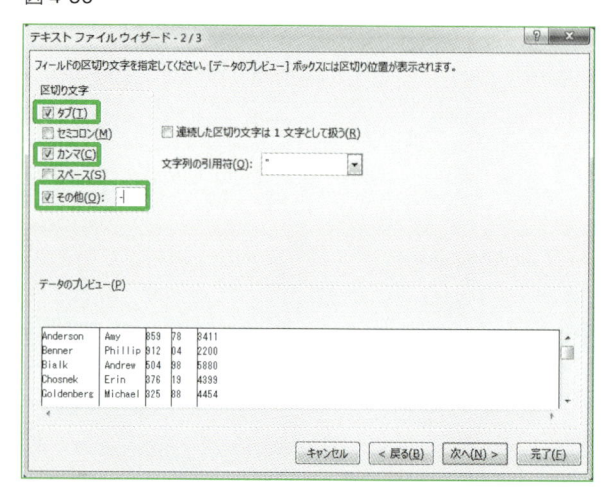

すると、図4-36のように、それぞれの情報が別々の列に振り分けられました。

図4-36

	A	B	C	D	E
1	Anderson	Amy	859	78	3411
2	Benner	Phillip	912	4	2200
3	Bialk	Andrew	504	98	5880
4	Chosnek	Erin	376	19	4399
5	Goldenberg	Michael	325	88	4454
6	Grady	Crystal	390	96	8653
7	Heying	Sarah	809	2	3033
8	Crichton	Alicia	322	86	2251
9	Curl	David	335	86	4924
10	Kennedy	Aaron	398	72	3750
11	Marth	Elizabeth	560	88	171
12	McDonald	Heidi	451	65	4456
13	McKim	Cory	456	99	7123
14	Miller	Paige	410	86	3638
15	Ormiston	Camille	501	8	627
16	Piekarski	Matt	611	64	221

先ほどと同じように、B列とC列の間に新しい列を挿入します。そして、関数CONCATENATEを使って、

=CONCATENATE（B1, " ", A1）
・セルB1の値、スペース、セルA1の値を出力しなさい。

と入力します（図4-37）。

図4-37

	A	B	C	D	E	F
1	Anderson	Amy	=CONCATENATE(B1, " ", A1)		78	3411
2	Benner	Phillip	Phillip Benner	912	4	2200
3	Bialk	Andrew	Andrew Bialk	504	98	5880
4	Chosnek	Erin	Erin Chosnek	376	19	4399
5	Goldenberg	Michael	Michael Goldenberg	325	88	4454
6	Grady	Crystal	Crystal Grady	390	96	8653
7	Heying	Sarah	Sarah Heying	809	2	3033
8	Crichton	Alicia	Alicia Crichton	322	86	2251
9	Curl	David	David Curl	335	86	4924
10	Kennedy	Aaron	Aaron Kennedy	398	72	3750
11	Marth	Elizabeth	Elizabeth Marth	560	88	171
12	McDonald	Heidi	Heidi McDonald	451	65	4456

そして、学籍番号の下4桁だけが必要なので、D列とE列を削除します。しかし、セルF11やF15、F16を見ると、学籍番号は下3桁になっています。これは、下4桁の最初が「0」だからです。表計算ソフトの［セルの書式設定］で「0」が表示されるように（第2章「表計算ソフト」参照）しておきましょう（図4-38）。

図4-38

	A	B	C	D
1	Anderson	Amy	Amy Anderson	3411
2	Benner	Phillip	Phillip Benner	2200
3	Bialk	Andrew	Andrew Bialk	5880
4	Chosnek	Erin	Erin Chosnek	4399
5	Goldenberg	Michael	Michael Goldenberg	4454
6	Grady	Crystal	Crystal Grady	8653
7	Heying	Sarah	Sarah Heying	3033
8	Crichton	Alicia	Alicia Crichton	2251
9	Curl	David	David Curl	4924
10	Kennedy	Aaron	Aaron Kennedy	3750
11	Marth	Elizabeth	Elizabeth Marth	0171
12	McDonald	Heidi	Heidi McDonald	4456
13	McKim	Cory	Cory McKim	7123
14	Miller	Paige	Paige Miller	3638
15	Ormiston	Camille	Camille Ormiston	0627
16	Piekarski	Matt	Matt Piekarski	0221
17	Shabi	Phil	Phil Shabi	3521

あとは、Word文書に［テキストのみ保持］で貼り付けます（図4-39）。

図4-39

▶ ウェブサイトの関連動画ヘルプ

1. 関数 CONCATENATE の使い方

使える技5　RIGHT/LEFT関数の活用場面

　本章第5節「テキスト形式保存の活用例」では、学籍番号の下4桁を取り出す方法を紹介しました。日本の大学では、最初の2桁が入学年度、次の2桁が所属学科、最後の4桁が個人番号のような組み合わせで学籍番号が割り振られることがよくあります。しかし、学籍番号がハイフンで区切られているとは限りません（図4-40）。そういう場合にはどうしたらいいでしょうか。

図4-40

第2章「表計算ソフト」のところで、関数を紹介しましたが、ほんの一部しか紹介していません。他の関数を使うと、こういったタスクをこなすことができます。下4桁ですから、右から四つの数字だけを取り出す必要があります。図4-40のように学籍番号が入力されている場合、B列に以下の関数を入力します。すると、図4-41のように必要な数字だけを表示することができます。

> =RIGHT（A1, 4）
> セルA1に入っている値の右から四つを出力しなさい。

図4-41

	A	B	C
1	1012902	=RIGHT(A1, 4)	
2	1012904	2904	
3	1012906	2906	
4	1012907	2907	
5	1012908	2908	
6	1012910	2910	
7	1012912	2912	
8	1012914	2914	
9	1012916	2916	
10	1012918	2918	
11	1012920	2920	
12	1012921	2921	
13	1012922	2922	
14	1012923	2923	
15	1012924	2924	
16	1012926	2926	
17	1012928	2928	
18	1012930	2930	

この関数は、数字だけではなく、文字列にも応用できます。例えば、名前を名字と名前で分けてセルに入れたい場合に利用できます（図4-42）。日本では漢字2字の名字、漢字2字の名前という組み合わせが一番多いので、LEFT（A2, 2）とRIGHT（A2, 2）を使えば、多くの名前は名字と名前に分けられるでしょう。名字や名前が漢字1字や3字の人もいるので、後は手作業で修正していくことになります。しかし、全てを手作業で分けるよりも、はるかに時間の節約になります。

図 4-42

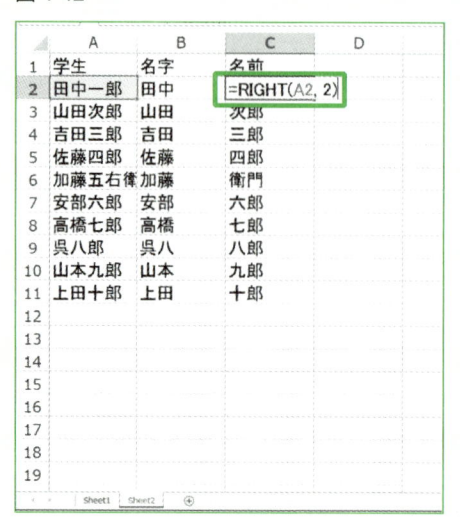

	A	B	C	D
1	学生	名字	名前	
2	田中一郎	田中	=RIGHT(A2, 2)	
3	山田次郎	山田	次郎	
4	吉田三郎	吉田	三郎	
5	佐藤四郎	佐藤	四郎	
6	加藤五右衛	加藤	衛門	
7	安部六郎	安部	六郎	
8	高橋七郎	高橋	七郎	
9	呉八郎	呉八	八郎	
10	山本九郎	山本	九郎	
11	上田十郎	上田	十郎	

5. 画像・動画編集ソフト

　写真やビデオのデジタル化にともない、個人で画像や動画を簡単に編集できるようになり、facebookに画像を載せたりYouTubeに代表されるような動画サイトに載せたりすることで、家族や友人と画像や動画をすぐに共有できるようになってきました。当然、それを授業に応用しようという動きもあり、学生のスピーチを動画で保存し、他の国や町にいる先生に見てもらい評価もしてもらうこともできるようになりました。また、日本語教師の仕事を探す際には、実際に授業をしているところを録画したビデオの提出を求められることもあります。本章では、そんな時に必要となる基本的な画像と動画の編集を紹介します。

- 画像の編集
- 動画の編集
- 動画共有サイトの活用

1 画像の編集

　デジタルカメラ（デジカメ）の登場によって、自分で撮った写真を教材としてすぐに使えるようになりました。しかし、写真の中には必要のない部分や、問題として隠したい言葉が写っているというような場合もあるのではないでしょうか。

　画像の編集に便利なのは、マイクロソフトの「フォトギャラリー」というアプリケーションです。Windows 7 を使っている人は、ウィンドウズの［スタート］をクリックし、全てのプログラムを選び、［フォトギャラリー］をクリックします（図5-1）。Windows 8 の場合は、スタート画面の一番左下にある小さい矢印をクリックし、全てのアプリケーションを表示します（図5-1）。もし、自分のコンピュータに入っていないという場合は、以下のページからダウンロードできます。

Microsoft Windows フォトギャラリー
http://windows.microsoft.com/ja-jp/windows-live/photo-gallery

図 5-1

　　　　Windows 7 の場合　　　　　　　　　　Windows 8 の場合

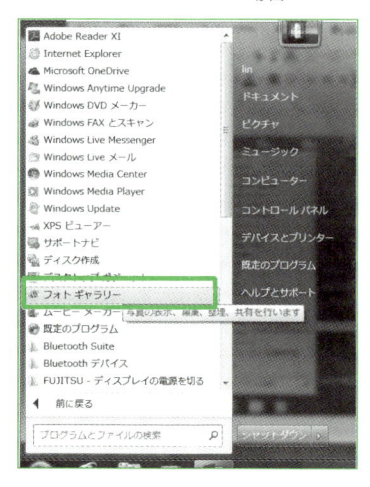

　フォトギャラリーを起ち上げると、コンピュータの［ピクチャ］フォルダに入っている画像ファイルが読み込まれます（図5-2）。

　　　図 5-2

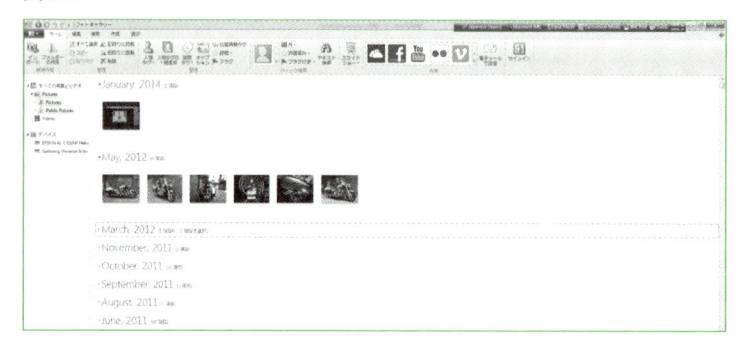

もし、自分が編集したい画像ファイルが他のフォルダに入っていて見つからない時は、画像が入っているフォルダを追加することができます。［ファイル］タブをクリックし、［フォルダーを追加］を選択します（図5-3）。

図 5-3

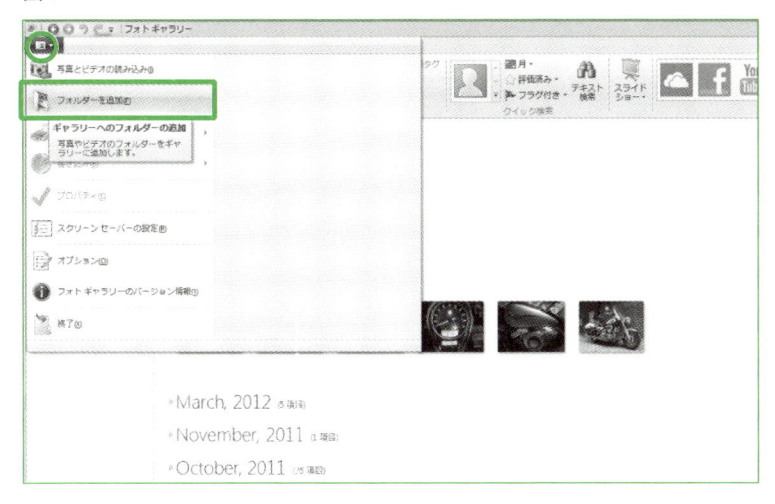

　すると、現在画像ファイルが読み込まれているフォルダのリストが現われます。必要ないフォルダから読み込まれている場合は、そのフォルダを削除します。逆に、追加したいフォルダがあれば、［追加］ボタンをクリック（図5-4）すると、追加したいフォルダが選べるようになります。図5-5では、デスクトップ上にある「最近」というフォルダを追加指定しています。

図 5-4　　　　　　　　　　　　　図 5-5

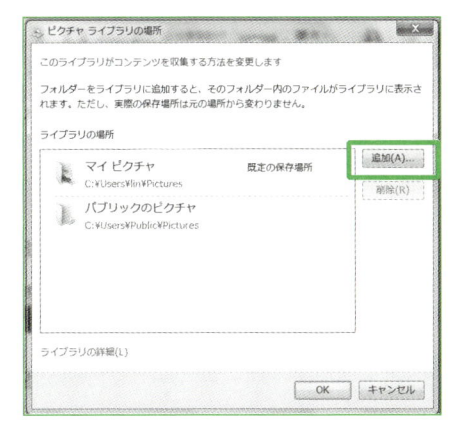

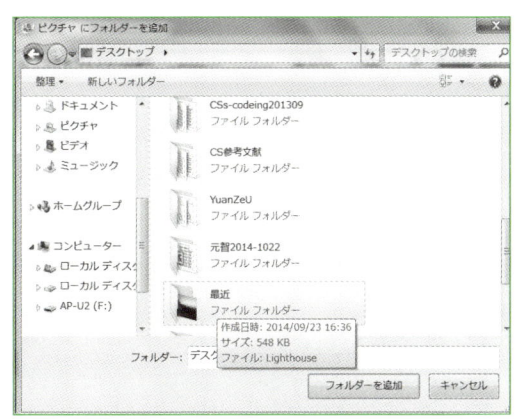

では、実際に編集をしてみましょう。編集したい画像をダブルクリックすると、図5-6のように、画像が大きく表示され、[編集]タブが選択されています。

図 5-6

色々な編集機能がありますが、一番最初に試してみた方がいいのは、[自動調整]機能（図5-7）です。写真の明るさや色合い、傾きなどが自動的に調整されます。

図 5-7

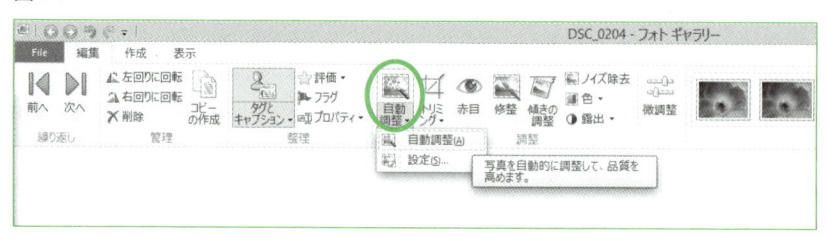

図5-8は調整前で、図5-9が調整後の写真です。

図 5-8

図 5-9

もし、調整後の写真に納得がいかない場合は、[最初の状態に戻す]というボタン（図5-10）をクリックすることで、簡単に写真を元の状態に戻すことができます。

図 5-10

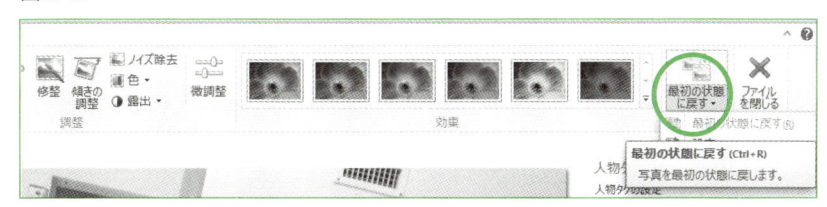

　また、自動調整後にさらに自分の好みで調整を加えたい場合は、微調整機能を使います。［微調整］ボタンをクリックすると、写真の右側に調整できるメニューが現れます。調整したいメニューを選択し、つまみを左右にドラッグすることで、微調整することができます（図 5-11）。

図 5-11

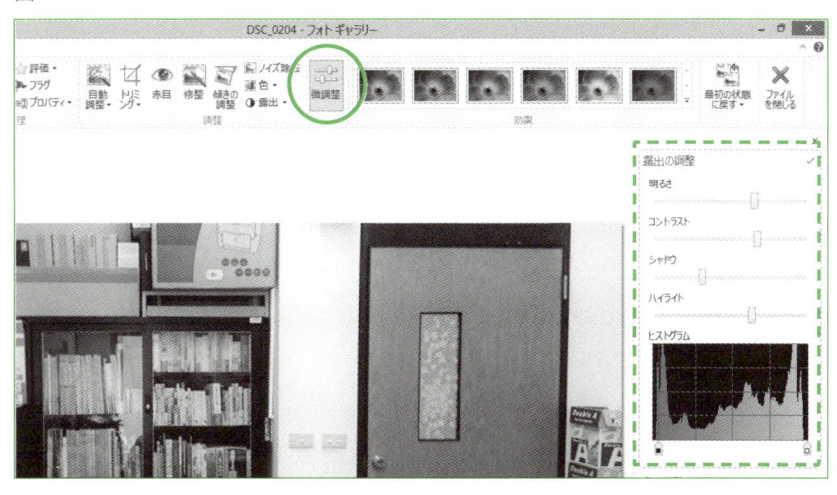

　写真の背景に不必要なものが映っていたり、見せたいところだけ切り出したりしたい場合には、トリミング機能が便利です。［トリミング］をクリックすると、写真の上に枠線が現れます。枠線上に小さい白い四角形があるので、それをドラッグし見せたい範囲を指定します（図 5-12）。範囲が確定したら、［トリミング］ボタンから、［トリミングの適用］を選択します。

図 5-12

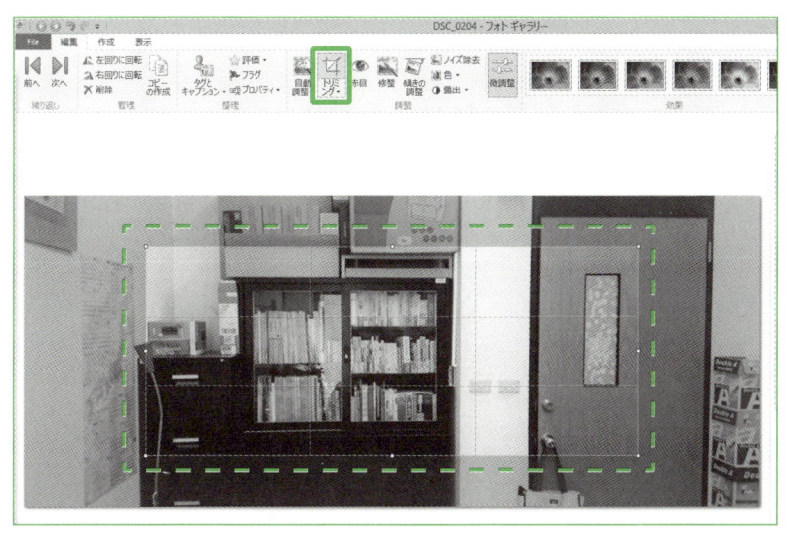

ドアの横にある段ボール箱や左側の地図などを切り取ると、図5-13のようになります。

図 5-13

　もし、写真の見せたい部分に不必要なものが少しだけ映り込んでいる場合は、「修整」機能を使います。[修整]ボタンを選択すると、カーソルが十字に変わるので、不必要な部分を囲むように四角形を描きます。図5-14を見ると、写真中央部にあった電気のスイッチが消えています。この機能は、不必要な物を周りの背景色を使って見えなくするものなので、明らかに背景色と分からない箇所や不必要な部分が広い場合は、うまく修整できない場合があります。コツは、修整部分を選択する際、背景を比較的大きく取り、不必要な部分を少しずつ選択していくことです。

図 5-14

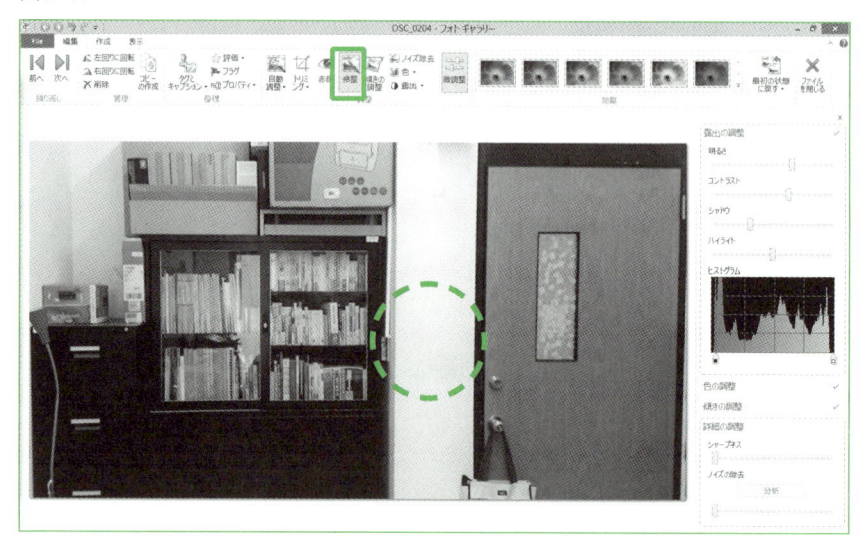

　編集箇所は元の写真に反映されるので、元の写真が保存してあるフォルダには編集後の写真が表示されます。元の写真が必要な場合は、[最初の状態に戻す]というボタン(図5-10)をクリックすれば、元の写真に復元されます。

▶　ウェブサイトの関連動画ヘルプ

　　1.　画像の調整

使える技 1　Wordでの画像編集

　本節では画像編集ソフトを使って写真の明るさを調整したり、不必要な部分を切り取ったりする方法を紹介しましたが、ワープロソフト（Word）でも色の調整や切り取り、回転といった基本的な編集ができます。

　写真をWord文書に挿入した後、［図ツール］タブをクリックします（図5-15）。もし、図ツールタブが見えない場合は、挿入した写真をクリックしてみてください。

図 5-15

　すると、ワープロソフトで調整できるメニューが表示されます。頻繁に使うのは、図5-16にある［調整］＞［修整］や［図のスタイル］、［配置］＞［文字の折り返し］［回転］、［サイズ］＞［トリミング］（つまり、不必要な部分を切り取る）などでしょう。

図 5-16

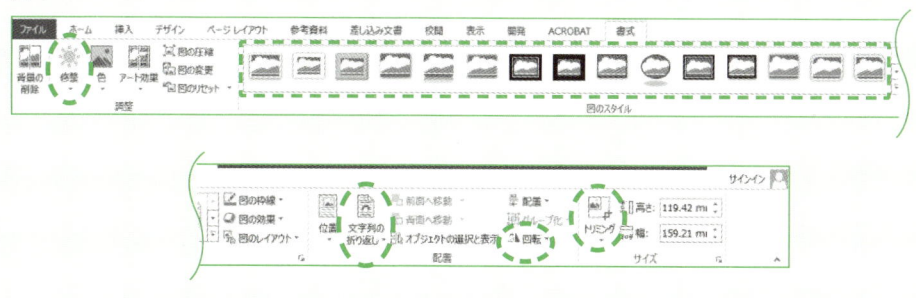

　画像の編集が終わったら保存をしますが、普通に保存をするとWord文書として保存されます。画像ファイルとして保存をしたい場合は、画像を右クリックします。すると、図5-17のようなメニューが現われるので、［図として保存］を選択します。

図 5-17

JPEGやGIF、TIFFといった、よく使われる画像形式で保存することができます（図5-18）。

図 5-18

2 動画の編集

デジタルビデオカメラやデジカメ、スマホの動画撮影機能を使って、これまでに何度か動画を撮った経験がある人は多いと思いますが、編集もしたことがあるという人は意外と少ないのではないでしょうか。「ビデオの編集」と聞くと、大きな機材を使って複雑なことをしなければならないような印象がありますが、デジタル化によって個人でも非常に簡単に編集をすることができます。

動画の編集に必要なのは「ムービーメーカー」というアプリケーションです。ウィンドウズの［スタート］をクリックし、［全てのプログラム］から［ムービーメーカー］を選択します（図5-19）。もし、自分のコンピュータに入っていないという場合は、以下のサイトからダウンロードしましょう。

Microsoft Windows ムービーメーカー
http://windows.microsoft.com/ja-jp/windows-live/movie-maker

図5-19　Windows 7 の場合　　　　　　　Windows 8 の場合

実際に動画編集を始める前に、1つ注意することがあります。動画編集ソフトを使って色々な作業をすると、コンピュータの性能にもよりますがCPU（中央処理装置）にかなりの負担がかかります。そのため、コンピュータが熱を持ったり、情報処理のスピードが落ちたり、フリーズして動かなくなったりすることがあります。少しでも、CPUの負担を減らすために、使っていないアプリケーションは全て閉じるようにしましょう。

まず、編集をする動画が必要ですが、以前撮影した動画がすでにある人は、それを使ってみましょう。もしなければ、短い動画を自分で撮るところから始めましょう。ここでは、動画編集のステップを理解し実際にできるようになることが目的なので、短い動画で構いません。ビデオカメラ（デジカメやスマホの動画機能でもいいでしょう）を使って、短い

動画（数分程度）を撮影してみて下さい。ムービーメーカーで編集できる動画ファイルの種類は、一般的によく使われるものとして、.wmvや.mov、.avi、.mp4などがありますが、他の種類は以下のサイトを参考にして下さい。

Microsoft Windows サポート
http://windows.microsoft.com/ja-jp/windows-live/movie-maker-file-types-faq

撮影した動画をムービーメーカーに読み込むには、2つの方法があります。1つは、ビデオカメラやデジカメなどの撮影機器（デバイス）から直接読み込む方法です。撮影に使ったデバイスをコンピュータに接続し、電源を入れます。そして、ムービーメーカーの一番左にある［ムービーメーカー］タブをクリックし、［デバイスからの読み込み］を選びます（図5-20）。初めての場合には［写真とビデオをフォトギャラリーに読み込みます］と表示されるので［OK］をクリックします。

図5-20

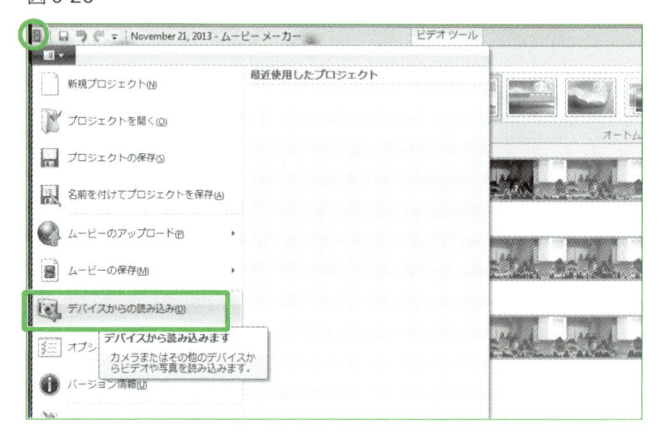

すると、図5-21のようにウィンドウが開き、動画を読み込むデバイスが選べるので、使っているデバイスを選択し、［読み込み］をクリックします。

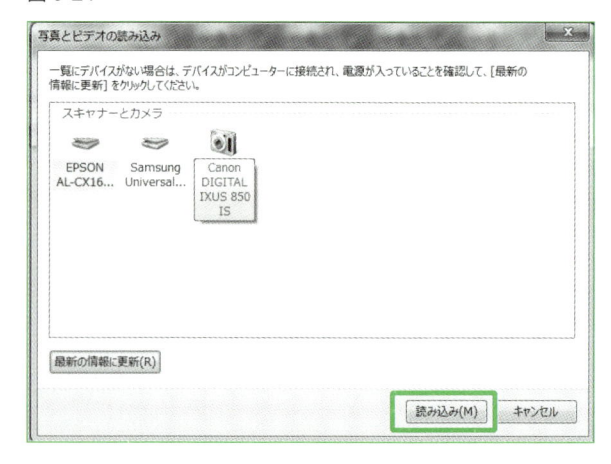

図5-21

デバイスを選択すると、［写真とビデオを検索しています］というメッセージが現れ、デバイスの中の画像と動画ファイルの検索が始まります。検索が終わると、図5-22のようにファイル数が表示され、どのファイルを読み込むか選べます。いくつかのファイルだけを読み込む場合は［読み込むアイテムを確認、整理、グループ化する］を選び、［次へ］をクリックします。

図5-22

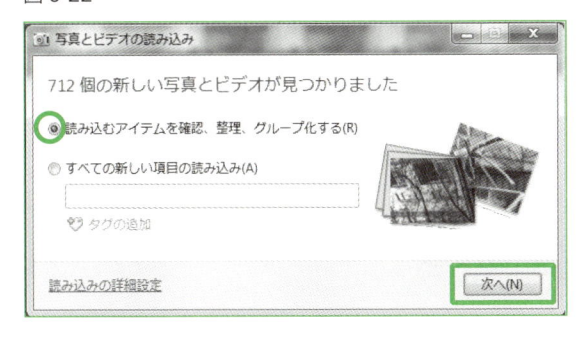

　デバイス内の画像・動画ファイルの一覧が表示されるので（図5-23）、編集したい動画ファイルにチェックを付け選択し、［読み込み］ボタンをクリックします。

図5-23

　もう1つの読み込み方法は、動画ファイルを撮影に使ったデバイスからコンピュータにダウンロードし、そのファイルを選んで読み込む方法です。［ホーム］タブの［ビデオおよび写真の追加］というボタン（図5-24）をクリックすると、動画ファイルが選択できるので、編集したい動画ファイルを選びます。

図5-24

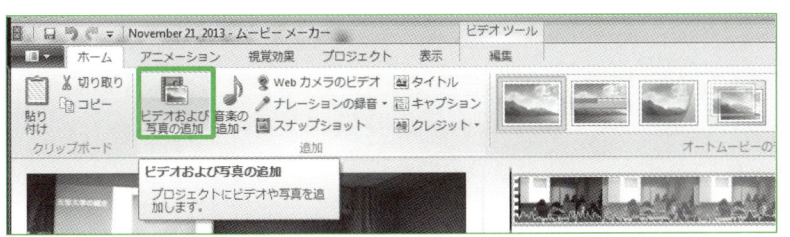

動画を編集する際によく使うのは、不必要な部分の削除、動画タイトル画面の挿入、キャプションの追加、BGM（バックグラウンドミュージック）の追加、などです。まず、動画の中から不必要な部分を削除する場合、動画を見ながらどこからどこまでを削除するのか決めなければなりません。図5-25の再生ボタンを押すと、動画の再生が始まります。

図 5-25

この図で使われている動画は、学生の発表を録画したものなので、発表が始まる直前で一時停止ボタンを押して止めます。図5-26のここまでが不必要な部分で、右側のストーリーボードを見ると黒いバー（棒線）がありますが、ここが動画の開始位置を示しています。［編集］タブの［編集］にある［開始位置の設定］をクリックすると、黒いバーの前の部分（つまり、左側）が削除され、動画開始位置が設定されます。

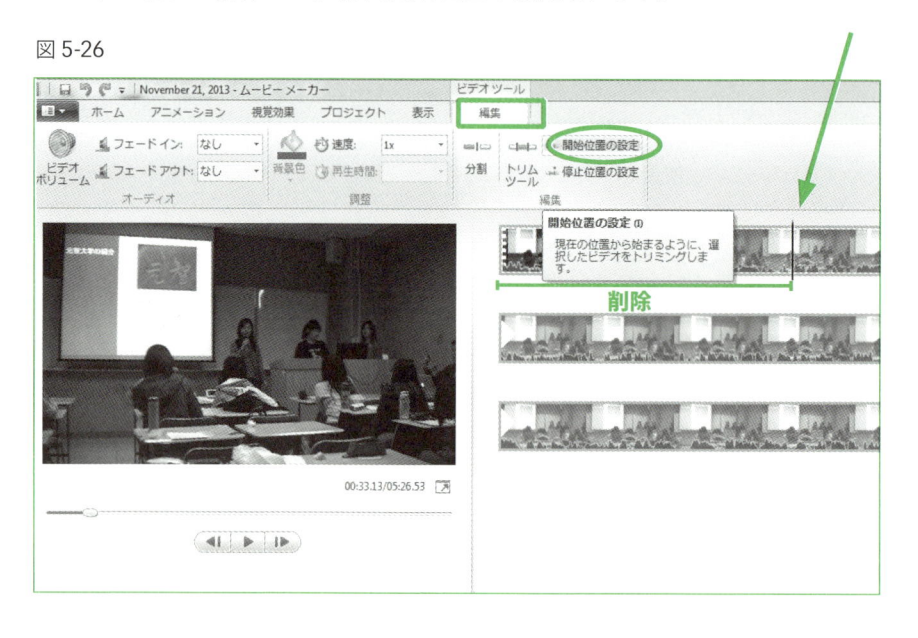

図 5-26

同じように、動画を終了する位置も見ながら決め、［停止位置の設定］ボタンをクリックする（図5-27）と、黒いバーの後の部分（つまり、右側）が削除されます。また、黒いバーを直接ドラッグし、目測で開始位置を決めることもできます。

図 5-27

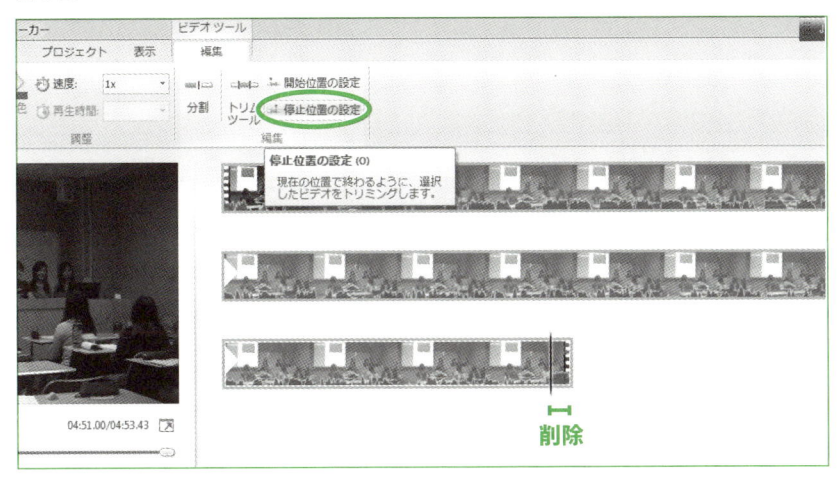

次に、動画タイトル画面を挿入してみましょう。[ホーム]タブの[追加]にある[タイトル]をクリックすると、動画の最初にタイトル画面が追加されます（図5-28）。

図 5-28

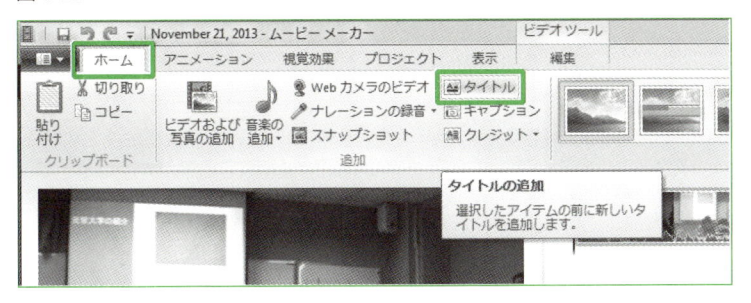

追加されたタイトル画面には、その日の日付がタイトルとしてついているので、その日付をクリックし、テキストを自分が付けたいタイトルに編集します（図5-29）。

図 5-29

［フォーマット］タブをクリックすると、［特殊効果］でタイトル画面にアニメーションを付けたり、［調整］では背景の色を変えたり、テキスト（つまり、タイトル）が表示される時間を変えたりすることができます（図5-30 & 31）。

図5-30

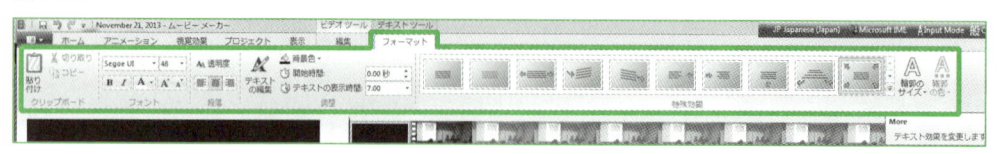

図5-31

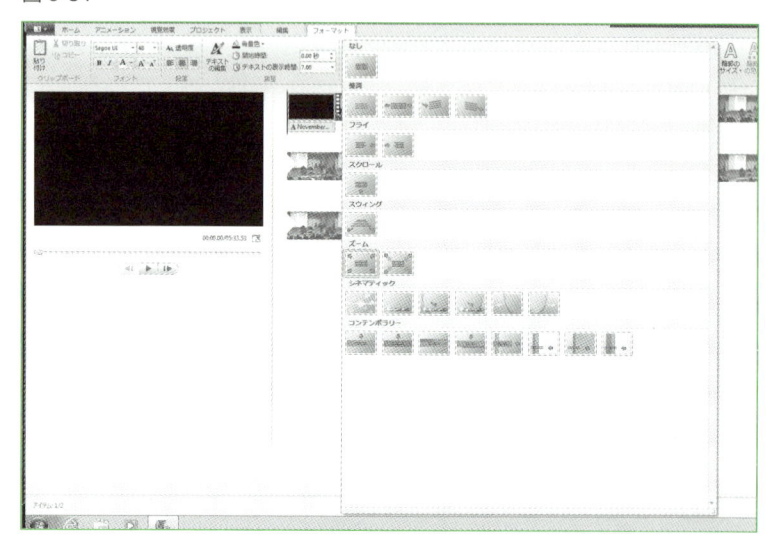

　次に、それぞれの発表者が分かるように、名前のキャプションを入れてみましょう。最初の発表者がマイクを持つところに黒いバーを動かします。そして、［ホーム］タブの［追加］にある［キャプション］ボタンをクリックします（図5-32）。

図5-32

すると、キャプションが挿入され、[ここにテキストを入力]と画面上に出るので、テキストボックスをクリックして、文字列を入力します（図5-33）。テキストボックスの位置は、ドラッグすることで自由に動かすことができます。

図5-33

　図5-34では「第一発表者　謝さん」と入力してみましたが、背景があるのであまりはっきりと見えません。そんな時は、フォントのサイズや色、種類、そして、文字の輪郭や色を変えてみましょう。[フォーマット]タブの[フォント]でサイズや色、種類を変えることができます。また、同じく[フォーマット]タブの[特殊効果]に[輪郭のサイズ]と[輪郭の色]というボタンがあります。図5-35では、フォントサイズを24から26に少し変更し、輪郭のサイズを[中]に、そして、輪郭の色を緑色に変えました。図5-34と比較してみると、見やすくなっていると思います。キャプションもタイトル画面と同じように、アニメーションを付けたり、テキストの表示時間などを調整することができます。

図5-34

図 5-35

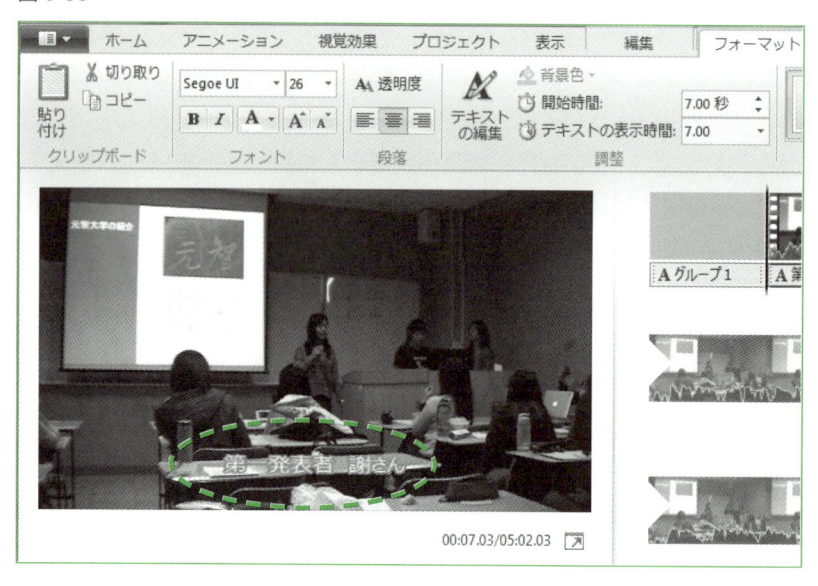

　では、最後にBGMを追加してみましょう。タイトル画面で少し音楽が流れるようにしてみたいと思います。黒いバーをタイトル画面の最初に戻します。そして、［ホーム］タブの［追加］にある［音楽の追加］ボタンの矢印をクリックすると、図5-36のように、どこにある音楽を追加するのか選べるようになります。ここでは、コンピュータに保存されている音楽ファイルを追加するので、［PCから音楽を追加］の［音楽の追加］を選択します。

図 5-36

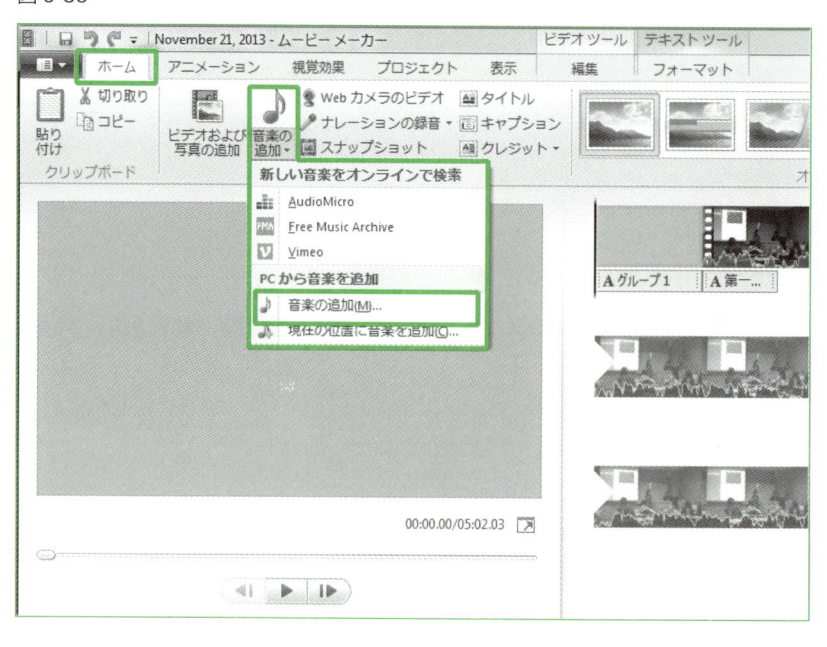

　すると、音楽ファイルを選べるので、保存されているフォルダを開いて音楽ファイルを選びます。音楽が追加されると、図5-37のように音楽が動画のどこまで追加されているのか表示されます。

図 5-37

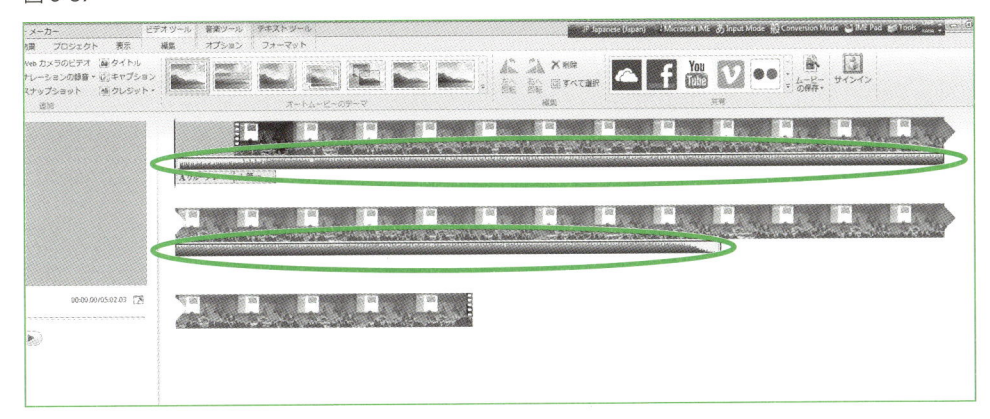

タイトル画面は短いので、当然追加された音楽が長過ぎてしまいます。追加した音楽の長さを調整するには、音楽ツールの［オプション］タブをクリックします。そして、音楽を停止したい位置まで黒いバーを動かし、［編集］の［停止位置の設定］ボタンを押すと、長さが短くなります（図5-38）。

図 5-38

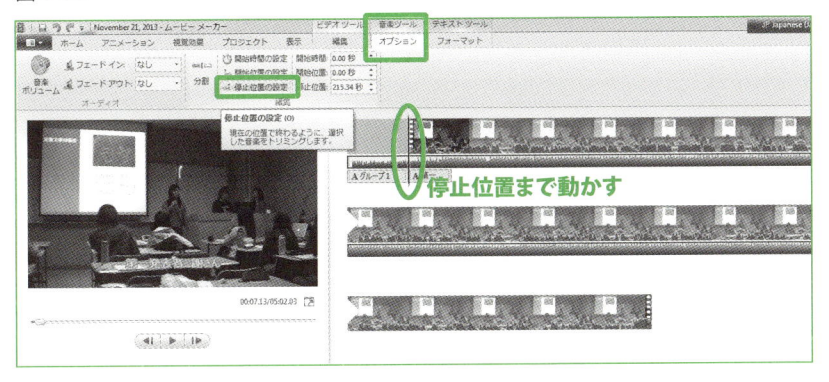

また、［オーディオ］の［フェードアウト］（図5-39）を使うと、音が徐々に小さく消えていくようになります。

図 5-39

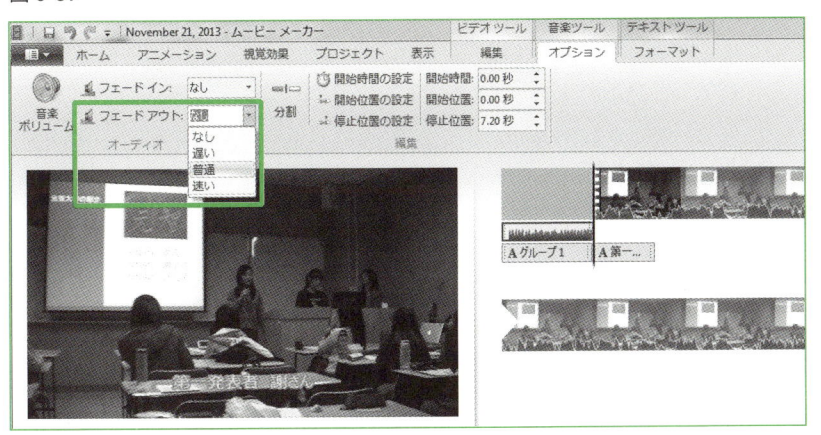

これで、基本的な編集ができました。編集が終わった動画を保存するには、[ファイル]タブから[プロジェクトの保存]をクリックします。しかし、1つ注意しなければいけないのは、今の状態で保存されているのはムービーメーカープロジェクトファイルだということです。保存されているファイルの拡張子を見てみると、「.wlmp」となっているはずです。このファイルは、ムービーメーカーを使って開かなければいけません。そこで、一般的な動画再生のアプリケーションでも見られるように、保存をする必要があります。[ホーム]タブの[共有]にある[ムービーの保存]の矢印をクリックすると、保存する設定のメニューが表示されます。その中から目的に合ったものを選びます。ここでは、コンピュータ上で見ることを想定して[コンピュータ用]を選びます。[ムービーの保存]ウィンドウが現れ、動画の名前を付け、保存場所を指定することができます。[ファイルの種類]を見てみると、一般的な動画ファイル形式の1つ「mp4」で保存されることが分かります（図5-40）。

図5-40

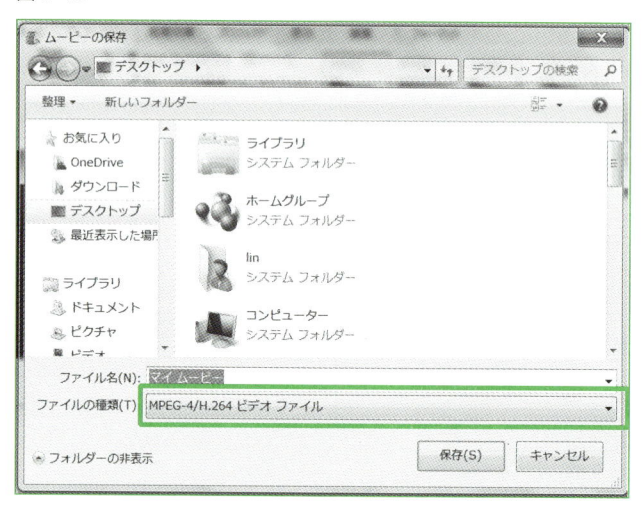

▶ ウェブサイトの関連動画ヘルプ

1. 動画のムービーメーカーへの読み込み
2. 動画の不必要な部分の削除
3. タイトル画面の挿入
4. キャプションの追加
5. BGMの追加
6. 編集した動画の保存

使える技 2　動画撮影する時の注意点

　自分で動画を撮影すると、どうしてもホームビデオっぽくなってしまいます。少しでも見栄えのいい動画を撮るためのポイントをいくつか紹介します。

1) 撮りたいものをあらかじめ把握：普段は、いきなり動画の撮影を開始して、撮りたいものがあるとズーム機能で寄った映像を撮って、また別の方向に何かを見つけたらビデオカメラを動かして撮影するということを何度も繰り返すのではないでしょうか。しかし、そうすると余計なカメラの動きが多くなってしまい、非常に見づらい映像になります。ですから、撮影を開始する前に、どんなものをどうやって撮りたいのかを頭の中で少し考えておくと、余計な動きが少なくなり、スムーズな映像になります。

2) 編集することを前提として撮影：普通に映像を撮影して、完璧なものがいきなり撮れるということはまずありません。ですから、少し余計なものが映ってしまったとしても、後で編集をするという前提で撮れば、撮影に時間を費やし過ぎるということもなくなるでしょう。

3) 声をきれいに拾うには外付けマイク：動画の登場人物の声を拾う場合、内蔵カメラだと、風の音やカメラ操作の雑音などが入ってしまい、人の声が聞きづらいことがよくあります。聞き取りやすいように拾うためには、外付けマイクが有効です。GoogleやYahoo!などのサーチエンジンで「ビデオカメラ　外付けマイク」などのキーワードを入力して検索をかけると、ユーザーのレビューや価格の比較などの情報を集めることができます。

4) 狭い場所や至近距離で複数の登場人物を撮影するには広角レンズ：狭い室内や至近距離から数名の登場人物を画面に撮り込もうとすると、無理な姿勢から撮影しなければならなかったり、望ましい角度で撮れなかったりします。そんな時は、広角レンズが便利です。「ビデオカメラ　広角レンズ」などのキーワードで検索をして、自分のニーズやビデオカメラに合ったものを探してみて下さい。

3　動画共有サイトの活用

　動画を個人でも簡単に撮影・編集できるようになったことで、作成した動画を友人や家族と共有したいというニーズが増えました。しかし、動画ファイルはサイズが大きく、メールに添付して共有しようとすると、メールアカウントの許容量を超えてしまい送信に失敗したり、メールを受け取った人のアカウントがメールを受信できなくなったりしてしまうという問題が起こる可能性があります。そこで、動画を共有するのに便利なのが、動画共有サービスです。一番有名なのは「YouTube（www.youtube.com）」という無料[1]動画サイトです。

1　一部サービスは有料です。利用する際に、サイトで確認してみて下さい。

このようなサイトの利点は、
1. 動画サイトのサーバーに動画を保存するので、自分や友達のメールアカウントに影響しない。
2. 自分のコンピュータではなくても、インターネットに接続できれば、いつでも閲覧が可能。
3. 不特定多数の人に動画を見てもらうことができ、視聴者からコメントをもらうことができる。
4. 社会的関心を集めている出来事の最新情報（動画）が得られる。

というような点ではないでしょうか。

YouTubeを利用するにはGoogleアカウントが必要です。アカウントを作成すれば、すぐにサービスを利用でき、動画をアップロードすることができます。図5-41のように、YouTubeにログインした後、［アップロード］ボタンをクリックすると、アップロードする動画ファイルを選択できます。

図5-41

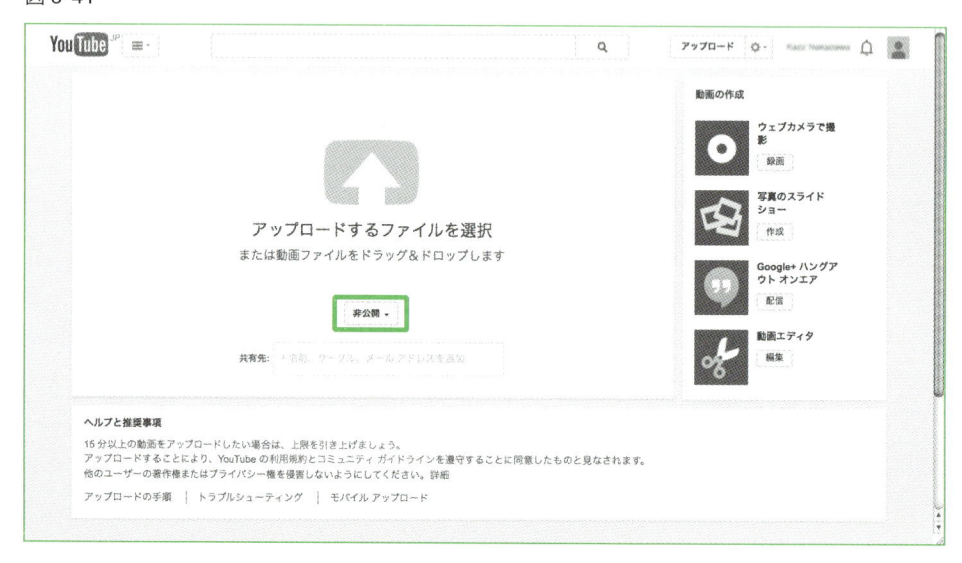

動画を共有する際に注意しなければならないのが、プライバシーの問題です。学生の期末発表やスキットを録画し、同僚の先生や外国で教えている教師仲間と共有する場合は、一般のYouTube利用者には公開したくない場合もあるでしょう。そんな時は、図5-41のように［非公開］を選びます。すると、共有する相手をYouTube上で友達や家族として登録している利用者やメールアドレスで指定できます。

YouTubeは、動画を共有するだけではなく、授業で日本の文化や最新事情を紹介したい時にも便利です。しかし、YouTube上の動画を見せる際に気をつけなければならない点がいくつかあります。まず、動画を見せる教室でのインターネットのスピードです。スピードが遅いと動画の再生が途切れ途切れになってしまいます。また、動画の内容の道徳・倫理上の問題から、学校によってはサイトにアクセスできないようになっている場合があります。

▶ ウェブサイトの関連動画ヘルプ

1. YouTube の動画を閲覧
2. YouTube に動画をアップロード

使える技 3　無料の動画再生ソフト

　動画は非常にサイズが大きいものなので、多くの動画ファイルは「コーデック」という圧縮伸張プログラムでサイズを小さくしています。このようなファイルを再生するには、同じコーデックが必要になるので、ない場合には動画が再生できません。

　そんな時には、色々なコーデックを内臓した無料の動画再生ソフトを利用するといいでしょう。VLC メディアプレーヤー（http://www.videolan.org/vlc/index.ja.html）や GOM プレーヤー（http://www.gomplayer.jp/player/）などは、サイズが小さいわりに、色々なコーデックに対応しているので、とても便利です。

使える技 4　画像や動画ファイルの拡張子

　画像や動画ファイルに使われる拡張子は 1 種類ではありません。例えば、画像ファイルであれば、JPEG や GIF、TIFF などがよく使われます。JPEG は写真全般によく使われるもので、圧縮率が高く小容量で保存が可能です。GIF は、色の種類が少ないアニメやロゴのような画像に向いています。そして、TIFF は保存される画質がいいもののファイルサイズが大きくなる傾向にあります。このように、ファイルの種類によって、特徴が異なります。

　動画ファイルも同じで、MPEG、AVI、MP4、MOV、FLV などがよく使われます。動画再生ソフトや編集ソフトによって再生・編集できる動画ファイルの種類（拡張子）が異なります。ですから、一つのソフトで再生できない場合は、別のソフトで試してみると、問題なく再生できることがあります。各拡張子の特徴を調べるには、IT 用語辞典や拡張子辞典が便利です。Google で「拡張子 JPEG」のようにキーワード検索すると、詳しい説明を見つけることができます。

6. オンライン無料素材・サービス

　私達のコンピュータの中には、WordやExcel、PowerPointといった、様々な種類のアプリケーションが入っていますが、それらは、クイズ作成や学生の成績管理、文法説明用発表スライドといった目的を達成するために作られた道具と言えます。しかし、時にはそうした目的達成に必要なアプリケーションが入っていない場合があります。そんな時は、市販のアプリケーションを購入するというのが1つの方法ですが、「フリーウェア」と呼ばれる無料で提供されているアプリケーションや無料のサービスが実はたくさん存在します。それらを上手に活用することによって、わざわざアプリケーションを買わなくても目的達成ができるようになります。本書が提供している「動画ヘルプ」も、そういった無料のアプリケーションを利用して作成しています。ここでは、そのような無料のアプリケーションやサービス、教育素材の活用方法を紹介していきます。

- Googleドライブでファイル共有
- ソーシャルネットワークサービス(SNS)を利用して日本語教師/学習者コミュニティへの参加/形成
- Jingを使った学習者向けの動画ヘルプ作成
- 無料素材の活用

1　Googleドライブでファイル共有

　第1章ワープロソフトでは、同僚と教案や試験、クイズなどを一緒に作成したり共有したりする時に便利な「変更履歴」や「コメント」といった機能を紹介しました。とても便利な機能ですが、ファイルはメールを使って送るので、頻繁にやりとりをするうちに、メールを見落としてしまったり、古いファイルに加筆修正してしまったりする可能性があります。また、メールを送った直後に間違いに気づき文書を更新した場合、再度メールを送らなければならず、手間がかかります。

　そんな時に便利なのが、クラウドサービス[1]の一つ、「オンラインストレージ[2]」です。ストレージサービス事業者のサーバー上にWordやExcel、PDFといった文書を保存し、インターネットを通じてそれらの文書にアクセスします。そのため、自分のコンピュータ以外からも文書を閲覧できます。また、サービス事業者が提供するアプリケーションを使って、インターネット上で文書の編集をすることもできる場合があります。文書がサーバー上に保存されているので、ストレージサービスのアカウントを持つ複数の人と文書を共有することができます。ですから、同僚と教案や試験、クイズなどを共有したり、共同作成したりする場合に非常に便利です。オンラインストレージサービスには、DropboxやOneDrive、Yahoo!ボックスなど様々なものがありますが、比較的使いやすいGoogleドライブを紹介します。

　まず、ブラウザを開き、Googleのアカウント（https://www.google.co.jp/）を取得します。Googleが提供しているウェブメール「Gmail」のアカウントをすでに持っている人は、それを使うことができます。そして、Googleのトップページからログインをすると、図6-1のように、Googleが提供している様々なサービスがあります。画像で丸印がついている部分を見ると、Googleドライブを使うことができます。

図6-1

1　これまでは、自分のコンピュータに様々な目的に応じたアプリケーションをインストールし、文書を作成・保存したり、色々な目的達成をしたりしてきました。クラウドサービスでは、サービス事業者のサーバー上でそれらができるようになり、自分のコンピュータが手元になくても、インターネットを通じて自分のアカウントにアクセスすることで、文書を閲覧したり、様々なアプリケーションを使えたりするようになります。
2　「クラウドストレージ」や「ストレージサービス」と呼ばれることもあります。

Googleドライブを選択すると、自分がこれまでに作成した文書やアップロードした文書のリストが表示されます（図6-2）。

図6-2

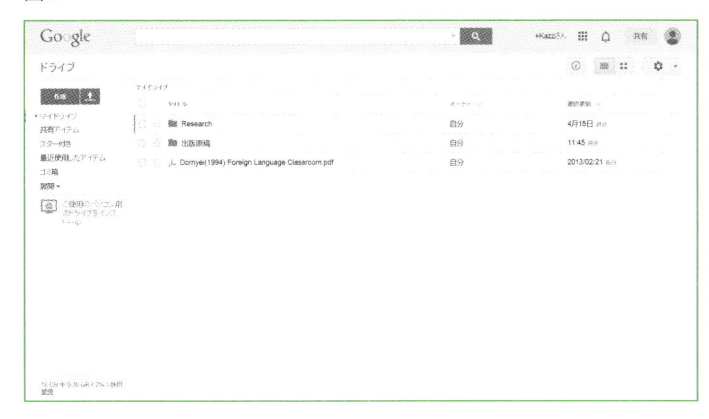

　ここではまず、新しい文書を作成してみましょう。［作成］ボタンをクリックすると、どんな文書を作成するのかが選べます（図6-3）。

図6-3

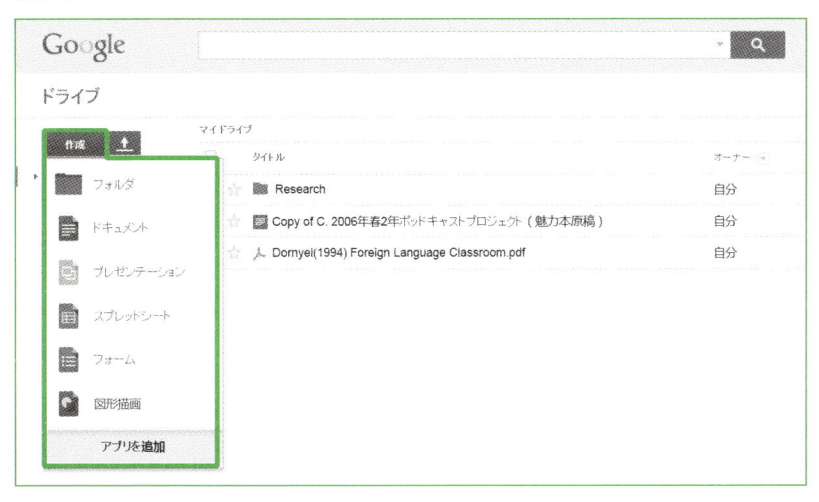

　［ドキュメント］を選んでみると、図6-4のようにWordのようなアプリケーションが開き、テキストを入力することができます。

図6-4

新しく作成した文書の名前を変える場合は、［ファイル］メニューから［名前を変更］を選びます（図6-5）。その他の基本的な機能は、Wordとほぼ同じです。入力したテキストや変更は、自動的にGoogleドライブに保存されます。保存が終わると、アプリケーションメニューの一番右側に［変更内容をすべてドライブに保存しました］と表示されます。

図6-5

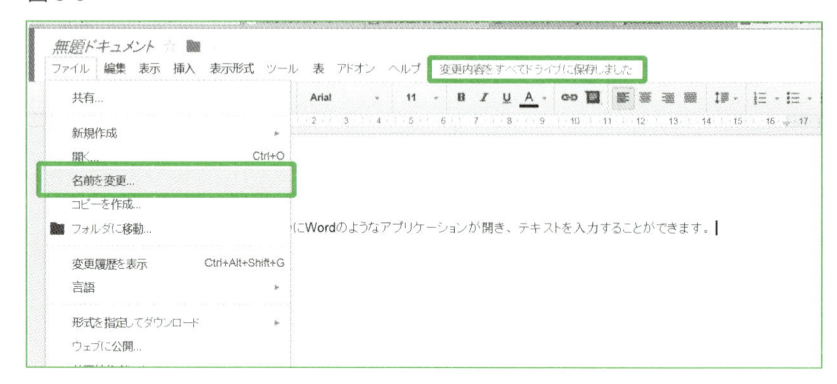

図6-6のようにGoogleドライブのロゴをクリックすると、自分の文書のリスト、つまりマイドライブを見ることができます。今作成した文書も、新しくリストされているのが分かると思います。

図6-6

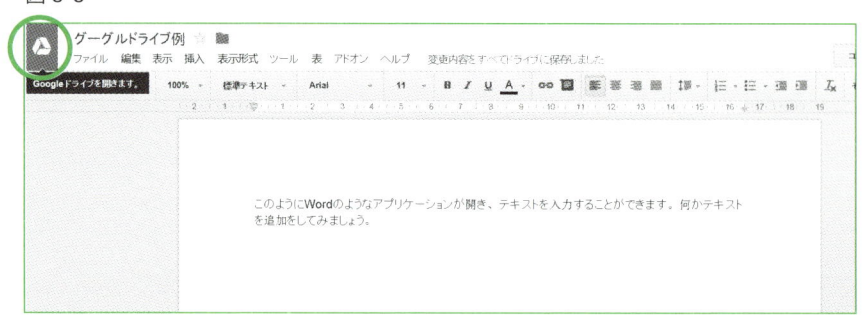

今作成した文書のタイトルをクリックすると、文書を再度開くことができるので、その文書に加筆してみましょう。そして、［変更内容をすべてドライブに保存しました］と表示されている部分をクリックします。すると、右側に［変更履歴］が表示されます。変更履歴ウィンドウの一番下にある［詳細な版を表示］をクリックすると、文書が作成されてからの変更履歴が上から下へ新しい版から古い版の順番で表示されます（図6-7）。

図6-7

変更履歴の中から最新の版ではなく、一つ古いものをクリックしてみると、［この版を復元］という表示があります（図6-8）。これをクリックすると、文書がその版に自動的に復元されます。

図 6-8

変更履歴の上にある［共有］ボタンをクリックすると、図6-9のように、この文書を共有する相手を入力することができます。現時点では非公開になっていますが、［招待］に共有する相手のメールアドレスを入力することで、共有できるようになります。ちなみに、共有する相手もGoogleのアカウントを持っている必要があります。

図 6-9

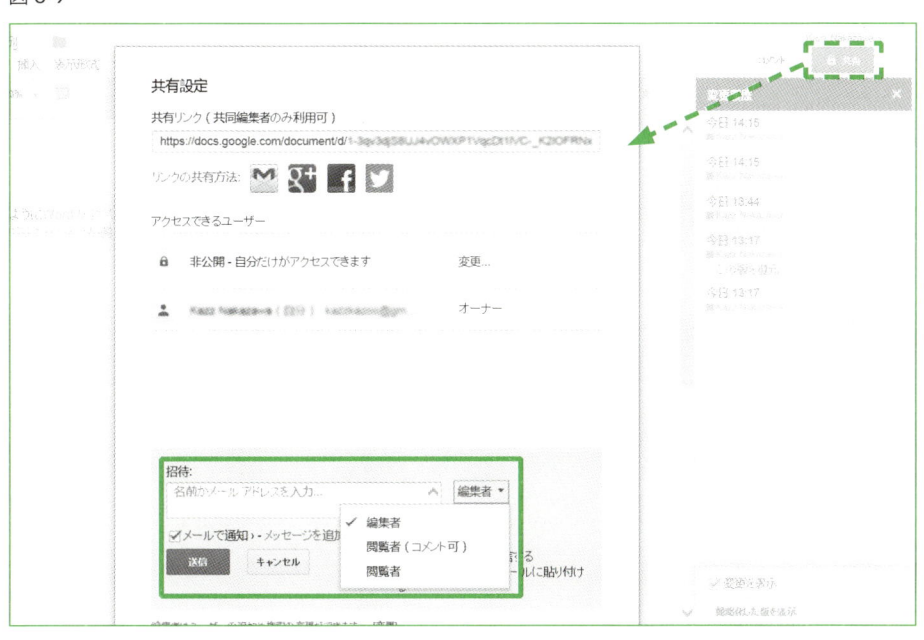

共有すると、マイドライブの文書リストに［共有中］と表示されます（図6-10）。そして、共有相手が変更を加えると、［変更履歴］にいつ誰が変更を加えたのか表示されます（図6-11）。

図 6-10

図 6-11

　Googleドライブ上で作成された文書は、［ファイル］メニューから［形式を指定してダウンロード］を選び、ファイル形式を選択する（図6-12）ことで、WordファイルやPDFファイルとして自分のコンピュータに保存することもできます。

図 6-12

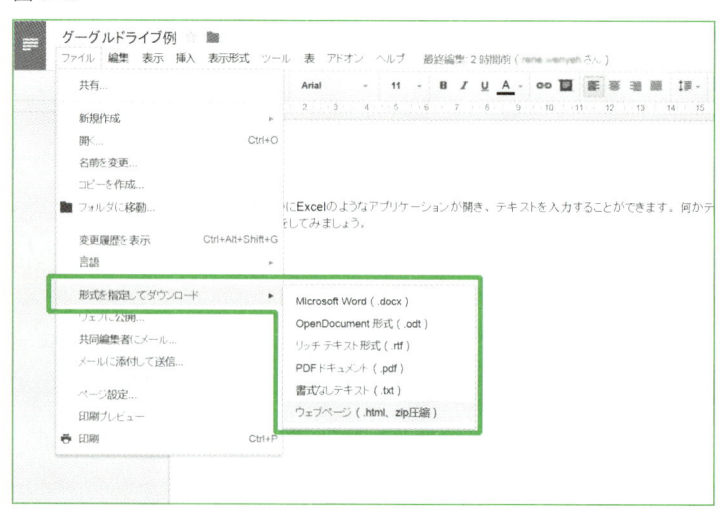

このGoogleドライブでは、アンケートを作成することもでき、そのアンケートにネット上で回答してもらうこともできます。図6-3の[作成]から[フォーム]を選択すると、図6-13のようなフォーム作成画面になります。それぞれの質問にタイトル（見出し）を付けたい場合は、[質問のタイトル]に入力し、その下の補足文には質問の答え方など指示を入力します。[質問の形式]では、どのような回答形式（多肢選択法や自由記入など）かを設定することができます。

図6-13

質問項目を追加するには、[アイテムを追加]をクリックします（図6-14）。質問項目以外にも、画像や動画を追加したり、ページを区切ったりすることもできます。

図6-14

アンケート作成が終了し、学生や同僚など特定の人に回答してもらいたい場合は、[フォームを送信]をクリックします（図6-15）。回答してもらう人にメールでアンケートを送信する場合は、メールアドレスを入力します。あるいは、[共有するリンク]をコピーし、メールに貼り付けて送信することもできます。

図 6-15

アンケートの回答を締め切りたい場合は、[回答を受付中]をクリックすると（図6-16）、[回答を受け付けていません]となり、回答を締め切ることができます。

図 6-16

アンケートに回答があった場合は、図6-17のようにお知らせが表示されます。

図 6-17

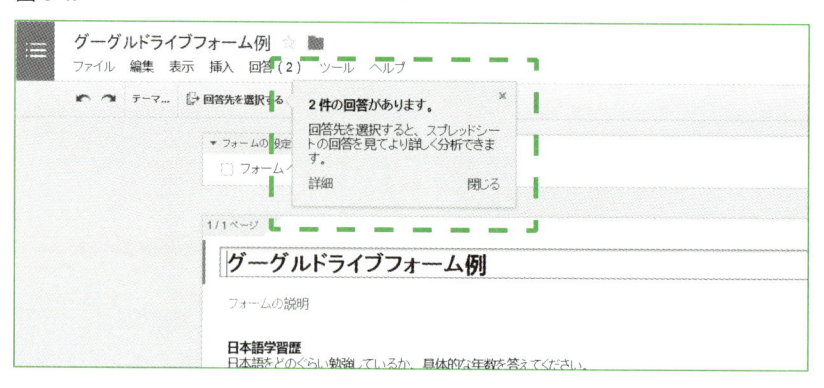

[回答]メニューから[回答の概要]を選択すると（図6-18）、回答結果を見ることができます（図6-19）。

図 6-18

図 6-19

また、回答結果を表計算ソフトのファイルとして保存したい場合は、［回答先を選択する］をクリックします。すると、［回答先を選択］のウィンドウ（図6-20）が開くので、［新規スプレッドシート］に名前を付け、［作成］をクリックします。

図 6-20

すると［回答先を選択する］だったボタンが［回答を表示］に変わり、クリックすると表計算ソフトのシートの形で回答結果が表示されます（図6-21）。

図6-21

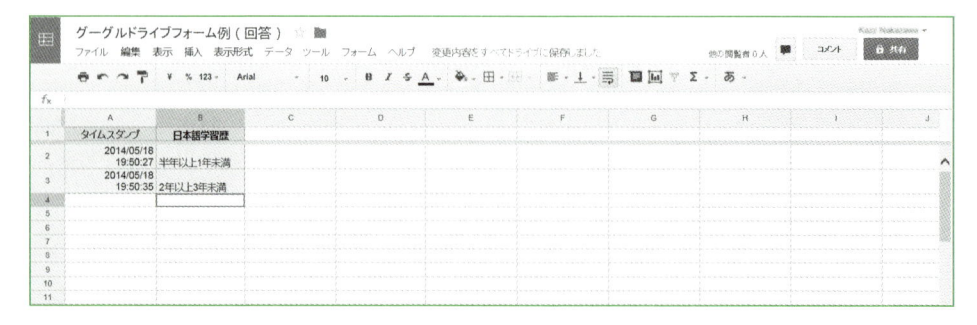

回答結果は、表計算ソフトExcelのファイルとして保存をすることもできます。［ファイル］メニューから［形式を指定してダウンロード］を選択すると、いくつかのファイル形式から選ぶことができます（図6-22）。

図6-22

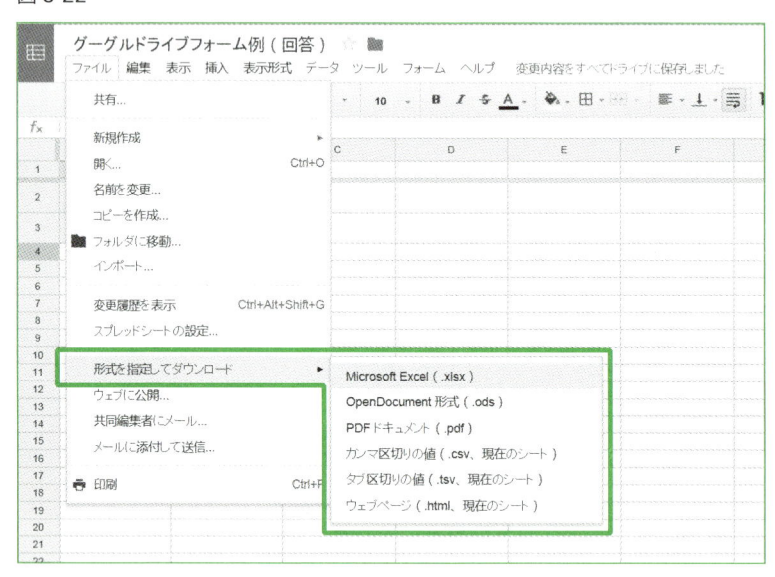

ワープロソフトの「フォーム」機能を使って回答しやすいアンケート作成方法を紹介しましたが、回答者の属性や数に応じて、どのようなツールを使うのかを選ぶことで、より効率的にアンケートを用いて情報収集することができます。

▶ ウェブサイトの関連動画ヘルプ

1. Googleドライブでドキュメント作成
2. ドキュメントの共有
3. Googleドライブでフォーム作成
4. フォームの送信

使える技 1　サイズの大きいファイルの共有

　テクノロジーが急速に進歩しコンピュータの性能も向上するにつれ、画像や動画ファイルがより手軽に扱えるようになりました。そのため、Wordファイルに画像をたくさん挿入したり、PowerPointファイルに動画を挿入したりするということも珍しくなくなりました。当然、学生も期末口頭発表用のPowerPointファイルに画像や動画を活用することがありますが、ファイルサイズが大きくなるという不都合があります。

　教員に日本語の誤用訂正やフィードバックをしてもらうために、学生がメールにファイルを添付して送ってきます。しかし、ファイルサイズが大きいとメールアカウントの許容量を越えてしまい、メールが届かなかったり、それ以降のメールが受け取れなくなったりしてしまうことがあります。このような問題を回避するためには、無料の大容量ファイル転送サービスを利用するといいでしょう。無料でファイルサイズ300MBまで送ることができます。

宅ふぁいる便（http://www.filesend.to/）

　使い方は非常に簡単です。まず、上記のサイトに行き［プレミアム会員でファイル送信］をクリックします（図6-23）。

図6-23

　［プレミアム会員新規登録］というボタンがあるので、それをクリックし、指示通りに進んで会員登録するだけです。同時に複数のファイルを3人にまで送ることができます。ファイル転送の仕組みは、まず、送りたいファイルを宅ふぁいる便のサーバーにアップロードします。受け取り手はファイルが送られてきていることがメールで通知されるので、宅ふぁいる便のサーバーからダウンロードします。ファイルは3日間サーバー上に置かれているので、その間にダウンロードする必要があります。

　このようなサービスを利用することで、メールの送信エラーや、受け取り手のメールアカウントを詰まらせてしまうというような問題を回避することができます。宅ふぁいる便以外にも色々なオンラインストレージがあるので、検索してみるといいでしょう。

2 ソーシャルネットワークサービス（SNS）を利用して
―日本語教師/学習者コミュニティへの参加/形成―

　テクノロジーの発展のおかげで、物理的な距離に関係なく世界中の人々とのコミュニケーションが可能になりつつあります。そのコミュニケーション手段として、メールやチャット（Skypeやウィンドウズ・ライブ・メッセンジャーなど）といったものは、かなり前から使われていて、皆さんも使ったことがあるのではないでしょうか。

　ネット上のコミュニケーションを可能にしてくれるツールで数年前から人気を集めているのが、「ソーシャル・ネットワーキング・サービス（Social Networking Service, SNS）」とよばれるものです。これは、ウェブ上の社交場のようなもので、ネット上で他者と交流することで、社会的ネットワークを作っていける場を提供するサービスと言えます。日本ではmixi（ミクシィ）やLINE（ライン）、そして、世界ではfacebook（フェイスブック）やTwitter（ツイッター）などがよく利用されているようです。その中でも世界的によく使われているのが「フェイスブック（https://www.facebook.com）」でしょう。皆さんの中にも、すでにお使いの方がいるかもしれません。

　フェイスブックのトップページに行くと、アカウントを作成することができます（図6-24）。アカウントを作成したら、メールアドレスやアカウントネームを使って友達を探し、「友達になる」申請をします。相手が友達承認をしてくれると、友達として登録することができます。そして、自分や友達が書いた記事が時系列で「ウォール」と呼ばれる画面中央に表示されます。

図 6-24

　また、フェイスブックには多くのコミュニティが存在していて、参加することによって、自分の興味がある事/物の情報を得ることができます。そのようなコミュニティの中で、さらに友達を作っていくこともできます。もちろん、日本語教育や外国語教育、言語学といったコミュニティも存在しています。「日本語教師」というキーワードでコミュニティを検索してみると、総数は分かりませんが、かなりの数が検索にヒットします（図6-25）。コミュニティに参加してみると、ひょっとすると、皆さんの友達の名前を偶然見つけるかもしれません。

図 6-25

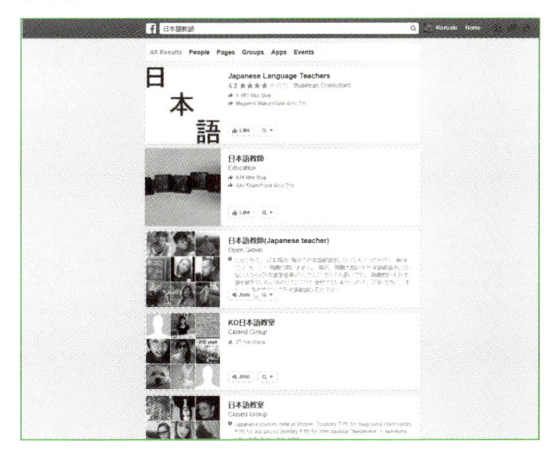

　コミュニティは、自分で作ることもできます。フェイスブックの左側にあるメニューから［グループを作成］を選択します。すると、図6-26のように、［新しいグループを作成］というボタンがあるので、クリックすると［新しいグループを作成］ウィンドウが開きます（図6-27）。そして、グループの名前や、公開・非公開の設定などができます。

図 6-26

図 6-27

フェイスブックは、日本語学習者もよく使っているようです。スマートフォン（スマホ）の普及により、休み時間中に記事や写真をアップロードしている学生をよく見かけます。このように、すでに学生が頻繁に利用しているツールを日本語学習に応用しようという動きも見られ、外国語の先生の中には授業に取り入れている人もいます。私自身、教えている授業のフェイスブックグループを作成して、宿題の一つとしてフェイスブック上で日本語の作文を書かせています（図6-28）。フェイスブック上で作文を書かせる利点としては、1）学生が自分で興味があることについて書けるので、より自然な作文活動ができる、2）友達が書いた作文を読める、3）先生以外の読者（クラスメートやまったく知らない人）からコメントをもらえるので、実際の読者と交流ができるなどが挙げられます。ですから、つい文法や語彙に集中しがちな作文を、もう少し本当の意味での作文に近い環境で書けるようになります。私の学生は、普段の作文課題よりも面白いと好意的に受け止めてくれているようです。

図6-28

　フェイスブックだと、短い文になりがちなので、もっと長い文章を書かせたいという場合は、「ブログ（Blog）」を利用するのも良い方法だと思います。ブログは「ウェブログ（Weblog）」とも呼ばれるもので、簡単に言えば「電子日記帳」です。自分のブログに興味があることについて記事を書き、更新していきます。それを読んだ読者はコメントを書き込むことができるので、その機能を通して読者とのやりとりができます。ESLを始めとする外国語教育でも、このブログを授業に利用しようという試みがなされ、日本語教育の学会でもブログに関連する発表をよく目にするようになりました。私も授業で使ったことがありますが、概ね学生からの反応は好意的なものでした。学習者は、コメントをもらえることで「楽しんで書く」ようですし、友達のブログを読むことで、友達の知らない一面

を垣間見ることができるのが楽しいようです。様々なブログサービスが提供されているので、これから始めるという人は、サーチエンジンで「ブログ　特徴　比較」などのキーワードで検索をし、それぞれのブログサービスの特徴をまとめたサイト（例：http://www.boraro.gozaru.jp/blog._guide.html）を参考にするといいでしょう。

　ネットを通し、教室外で色々な人とコミュニケーションできるのは、学習者にとっては大きなプラスとなりますが、注意すべき点もあります。それは、SNSやブログといったツールを使う場合、学生が書いた文章やページ、さらには写真などが不特定多数の人間に読まれる・見られる可能性があるということです。先生や友達だけが読む/コメントを残すのなら問題はほとんどおきませんが、不特定多数ということもあって、中には悪意を持って誹謗中傷的なコメントをするような人もいるかもしれません。ですから、授業の一環として使う場合には、そういった問題が起きることを想定して、グループを非公開にしたりコメントができる人は友人のみにしたりするといったプライバシー設定を慎重にすることが不可欠でしょう。

▶ **ウェブサイトの関連動画ヘルプ**

1. フェイスブックの基本的な使い方
2. フェイスブックで新しいグループを作成
3. ブログの使用例

使える技 2　SNSを利用した授業管理

　スマホが広まったことで、いつでもどこでも手軽にインターネットを利用することができるようになりました。その影響もあって、SNSを利用する学生も増えています。時には、授業中に友達とLINEやフェイスブックでやりとりをしてしまう悪い影響もありますが、手軽に素早く情報を共有できるという利点を活用しない手はありません。例えば、学生との連絡にSNSを使うと意外に便利です。

　紹介したフェイスブックでは、個人や複数人宛てのメッセージ、画像やWord、PDFなどのファイルを送ることもできます。私の経験から、最近の学生は、メールよりもSNSを頻繁に見ている傾向にあるようですから、授業中に言い忘れてしまったメッセージや、必ず目を通しておいてもらいたい配布資料などは、SNSを通して送った方がメールで送るよりも早く見てくれる可能性が高いようです。そして、一人の学生が見てくれれば、SNSでその学生がすぐに友達に先生からメッセージがあることを伝えてくれることもあります。

③ Jingを使った学習者向けの動画ヘルプ作成

　本書がWeb上で提供している動画ヘルプですが、実は、この動画ヘルプも無料のツールを使って作成されています。動画ヘルプのようにコンピュータの画面を録画する機能は、使い方次第で授業の一部や文法説明の補足としても使えます。例えば、「学生が日本語以外のOSを使っているので、コンピュータで日本語が使える環境設定の仕方を教えてあげたいけど、授業中に時間がない。」「日本のブログサービスを学生に利用してもらいたいが、アカウント設定の説明をする時間がない。」というように、時間の制約上、授業で扱いたいけれど十分な時間を取って説明できないような場合には、このツールは非常に効果的です。動画ヘルプを一度作成してしまえば、使い回しができます。

　「Jing」(http://www.techsmith.com/jing.html) という画面キャプチャ/録画ソフトは、英語版のサイトから無料でダウンロードができます。日本語版のサイトもあるのですが、Jingをダウンロードすることができないので、英語版を利用しなければなりません。しかし、操作はとても簡単です。まず、サイトの［FREE DOWNLOAD］をクリックします（図6-29）。

図6-29

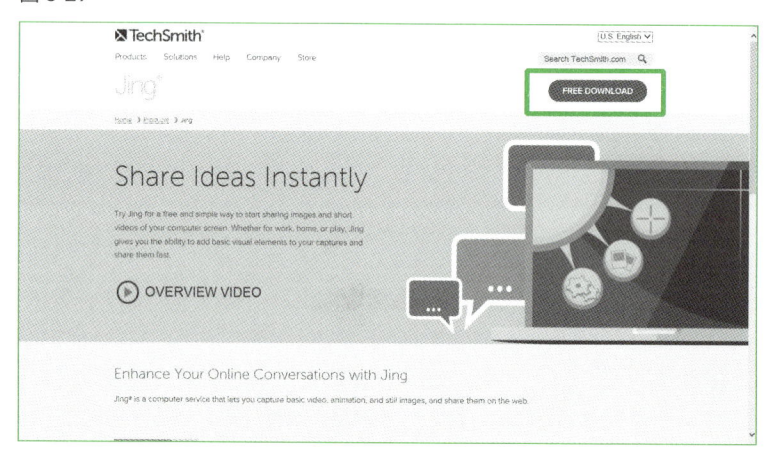

　すると、自分のコンピュータのOSに応じてインストールする版を選ぶウィンドウが開きます（図6-30）。ウィンドウズの場合は、XP以降のOSでなければなりません。

図6-30

インストールが終わると、Windows7の場合、ウィンドウズの［スタート］から［全てのプログラム］を選ぶと、Jingがインストールされているのが分かります（図6-31）。Windows8の場合は、［アプリ］画面を開くと見つかります。

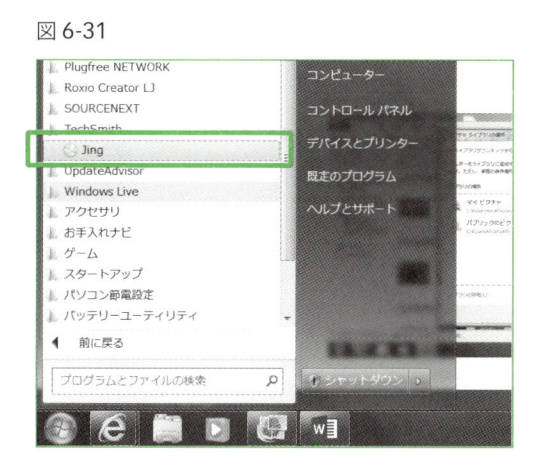

図6-31

　Jingを起動させると、コンピュータの画面中央上部に、黄色の半円が現れます。そこにマウスを動かすと、小さい円が三つ現れます（図6-32）。一番左の円をクリックすると、画面をキャプチャ（つまり、画面の写真を撮ることで、スクリーンキャプチャと同じ機能です）・録画できます。真ん中の円は、これまでにキャプチャ・録画した一覧を見ることができます。一番右はヘルプ機能や詳細設定、アプリケーションの終了などができます。

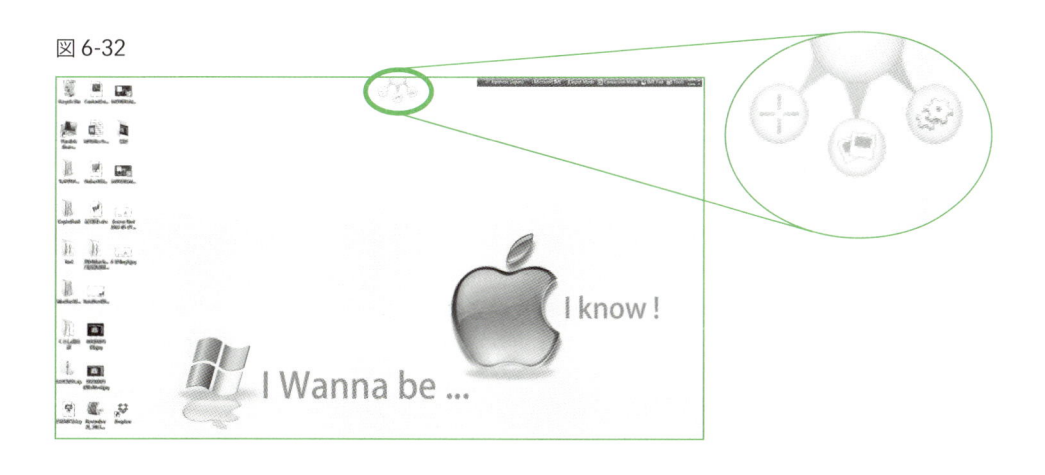

図6-32

　一番左の円をクリックすると、黄色い縦横の罫線が現れます。マウスを四角を描くようにドラッグすることで、キャプチャ・録画する範囲を指定します（図6-33）。画面の中で黄色い線で囲われている部分をキャプチャ・録画することになります。黄色い枠線の左下に4つボタンがありますが、左から順番に［画面のキャプチャ］［動画の録画］［キャプチャ・録画範囲の再指定］［キャンセル］です。

図 6-33

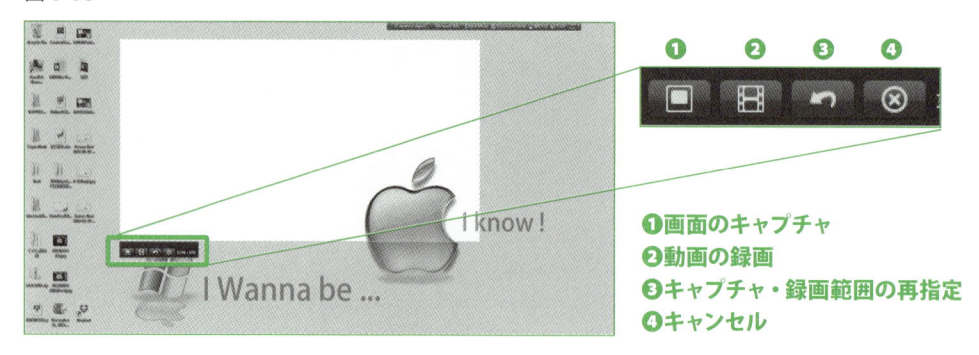

❶画面のキャプチャ
❷動画の録画
❸キャプチャ・録画範囲の再指定
❹キャンセル

　実際に画面をキャプチャしてみると、図6-34のようにキャプチャされた部分が表示されます。左上に五つのボタンが縦に並んでいますが、上から［矢印］［テキスト］［フレーム（四角）］［ハイライト］［ツールの色］で、ツールの色は、矢印やハイライトなどの色を変更することができます。ですから、キャプチャした画面にツールで矢印を加えたり、テキストを入力することもできます。加工し終わったら、下に並んでいる五つのボタンの中の左から2番目をクリックし、「.png」形式で保存をします。その時に、ファイルに名前を付け、保存場所を指定することができます。

図 6-34

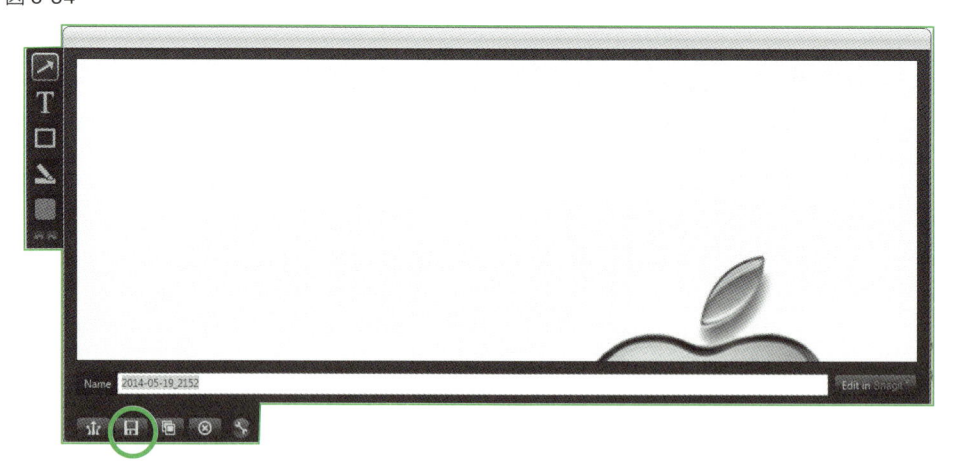

　次に、画面を録画してみましょう。録画ボタン（図6-33❷）を押すと「3」からカウントダウンが始まり、録画が開始されます（図6-35）。録画中は、音声も録音されるので、画面上でマウスを動かしながら、口頭で説明を加えることもできます。終わった時には、一番左の［終了］ボタンを押します。左から二番目の［ポーズ］ボタンは一時停止したい時に、左から三番目は［ミュート］ボタンで音声の録音を消音したい時に、右から二番目は［リスタート］ボタンで録画し直したい時に、一番右は［キャンセル］ボタンで録画を中止する時に使います。

図 6-35

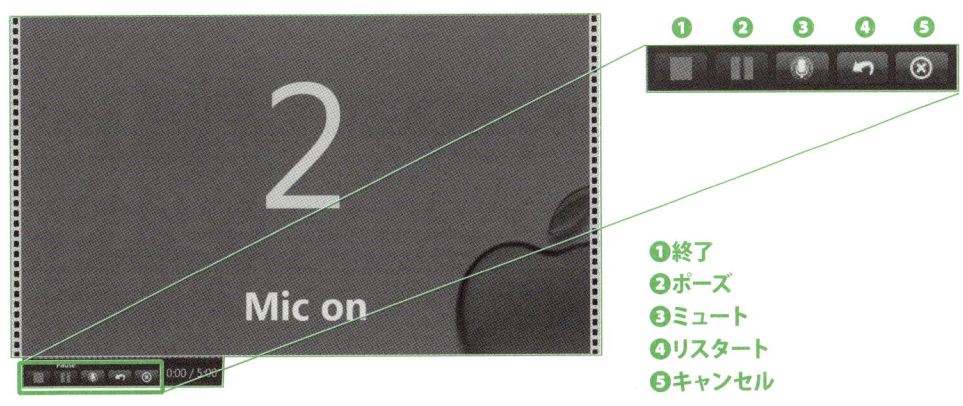

❶終了
❷ポーズ
❸ミュート
❹リスタート
❺キャンセル

　録画が終わり［終了］ボタンを押すと、図6-36のように動画に名前を付けて「.swf」形式で保存をすることができます。

図 6-36

　swf形式の動画ファイルは、サイズが小さいわりに画質がとてもいいので、メールで共有することもできます。また、このファイルはブラウザを使って再生することができます。保存したファイルを右クリックし、メニューから［開く］、あるいは「プログラムを開く」を選択し、使うアプリケーションはブラウザを選びます（図6-37）。

図 6-37

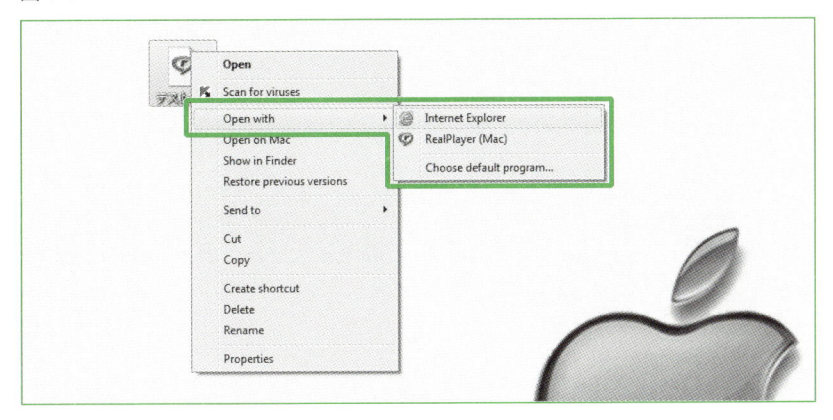

すると、図6-38のように、ブラウザで動画の再生が始まります。動画の下にコントロールバーがあるので、一時停止やリプレイなどができます。

図6-38

このように、コンピュータの画面を録画できれば、文法学習の補助としてPowerPointファイルを開きスライドビューにして口頭で説明を加えた動画や、学生が書いた作文のWordファイルを開き口頭でフィードバックを与えた動画なども作成することができます。他にも色々な使い方ができると思うので、是非試してみて下さい。

▶ ウェブサイトの関連動画ヘルプ

1. Jing のインストールの仕方
2. 画面をキャプチャ
3. 画面を録画
4. 録画したファイルの再生方法

使える技 3　画面録画を利用した問題解決

　　コンピュータの画面をキャプチャできれば、学生の助けになるだけではなく、自分自身の助けにもなります。コンピュータを使っていると、何度やってもうまくいかないことや、キーボードを無意識のうちに触ってしまってどこかの設定が変わってしまうというような問題にぶつかることがあります。そんな時には、コンピュータに詳しい人に質問をして問題解決を試みますが、近くに頼れる人がいない場合、メールで質問することになります。しかし、言葉に書いて説明しようとすると、自分のコンピュータが今どんな状態にあって、何が起こっているのかをある程度把握できていないと、直面している問題点の説明がなかなかうまくできません。

　　そんな時は、自分のコンピュータ画面を録画しながら、どういったことをしたいのか口頭で説明してみましょう。言葉だけで説明するよりも、はるかに分かりやすく問題点を説明でき、早期問題解決につながるはずです。

4　無料素材の活用

　教案を作成したり、授業で使う絵カードや単語カード、配布資料などの教材を準備したりするのは非常に時間がかかるものですが、日本語教師である限り、準備の必要がなくなることはありません。ですから、その時間を短縮できれば、負担が大きく減るでしょう。本節では、ネット上にある無料素材の活用方法を紹介します。

　授業の準備の中で時間がかかるものの1つに、絵カード作成があります。絵が上手なら、自分ですぐに描くこともできますが、絵心がない教師にとっては大変な作業です。そんな時は、ネット上で無料で公開されている絵を利用するといいでしょう。教科書の中には、使われている語彙の絵カードをウェブサイト上で提供しているものがいくつかあります。例えば、以下のようなものです。サーチエンジンで「日本語　教科書　絵カード」のようなキーワードで検索をすると、色々と見つかると思います。

- 「日本語教師の応援サイト Part II」（教科書：『みんなの日本語』）
  http://yu2life.cool.coocan.jp/
- 「新版『なかま』の仲間」（教科書：『なかま1　第2版』『なかま2　第2版』）
  http://tell.cla.purdue.edu/hatasa/NewNakama/FriendsOfNewNakama.html

　サイトによって、どのように絵カードを提供しているか異なりますが、「日本語教師の応援サイト Part II」では、絵カードのサムネイルをクリックすると、PDFとしてダウンロードできるようになっています。また、「新版『なかま』の仲間」では、絵カードのサムネイルを右クリックし、メニューの中から［名前を付けて画像を保存］を選びます（図6-39）。

図6-39

すると、画像ファイル（拡張子は「jpg」）が保存されるので、フォトギャラリーで開き印刷するだけです（図6-40）。

図6-40

また、年賀状やウェブサイト作成のために無料でクリップアートや絵を提供している以下のようなサイトもたくさんあるので、合わせて利用することで、ほとんどの絵カードを無料で手に入れることができます。

- 「イラストポップ」
  http://illpop.com/menuf.htm
- 「クリップアートファクトリー」
  http://www.printout.jp/clipart/
- 「かわいいフリー素材集　いらすとや」
  http://www.irasutoya.com/
- 「フリーカット」
  http://freecut.studio-web.net/

さらに、サーチエンジンを使っても、色々な絵を探すことができます。ブラウザでGoogle（http://www.google.co.jp）を開きます。ホームページの右上に［画像］というメニューがある（図6-41）のでクリックし、キーワードとして「お寺　イラスト」のように入力すると、色々なお寺のイラストが表示されます。

図6-41

しかし、ここで気をつけなければならないのは、著作権の問題です。普通に検索しただけでは、キーワードに関連する画像が全て表示されるので、中には著作権に触れるものもあります。そこで、［検索ツール］をクリックし、［ライセンス］メニューの中から［再使用が許可された画像］を選ぶと、著作権に触れるものは除外されます（図6-42）。ネット上からダウンロードしたものを授業や教材で使う場合には、必ずサイトのURLといつダウンロードしたのかを明記するようにしましょう。

図6-42

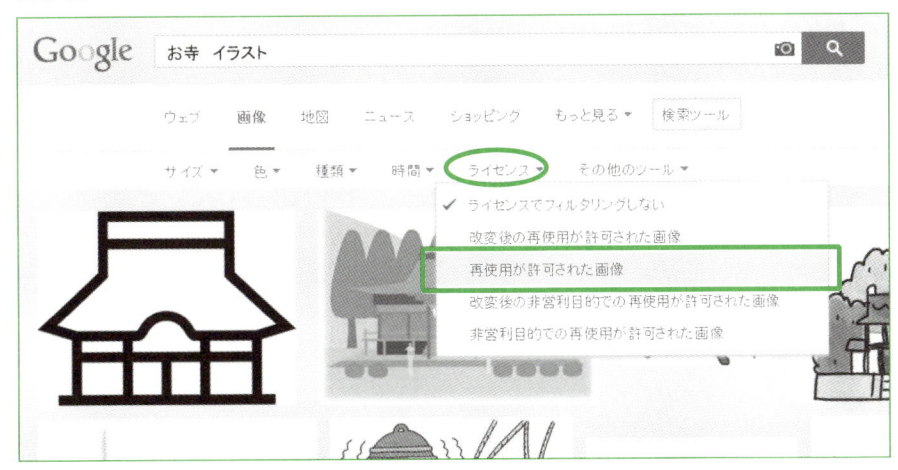

絵カードだけではなく、以下のように教案を共有しているサイトもあります。サーチエンジンで「日本語　教案　共有」などのキーワードで検索をすると、色々見つかります。

- 「日本語教育『教案の広場』「みんなの日本語版」」
  http://www.geocities.co.jp/CollegeLife-Labo/9879/
- 「日本語教師の教案」
  http://kyoan.u-biq.org/bunke.html

▶ ウェブサイトの関連動画ヘルプ
  1. 絵カードの保存
  2. 共有されている教案の検索

使える技 4　効率的なネット検索

　　テクノロジーの発展とインフラの整備によって、ネットを使って必要な情報を短時間で探すことが可能になりました。例えば、文化紹介のための写真や時事問題に関するニュースなどを検索する時に、ネットを利用するという教師はかなり多いはずです。しかし、ネット上にある情報量は膨大なので、必ずしも自分

が必要としているものだけが検索にヒットするというわけではありません。検索結果が多い場合は、1つずつクリックし順番に内容に目を通して確認しなければなりません。検索結果が少ない場合は、さほど手間はかかりませんが、膨大な数のサイトがヒットした場合、全部に目を通すのは不可能です。そこで、少しでも効率的に情報検索するための方法を紹介します。サーチエンジンの1つGoogle（www.google.co.jp）を使って試してみて下さい。

1）AND：キーワードを使って検索する場合は、検索結果を絞り込むため、なるべく複数のキーワードを入力します。複数のキーワードを入力する時は、それぞれのキーワードの間に半角、もしくは、全角のスペースを入力します。または、「AND」を使って複数のキーワードをつなげることもできますが、半角大文字で「AND」と入力し、前後は半角スペースを入れます。（例：日本語教育　共有　教案／日本語教育 AND 共有 AND 教案）

2）OR：複数のキーワードのいずれかを含む情報を検索する時に「OR」を使います。（例：日本語教育　共有　教案 OR 授業計画）

3）" "：キーワードに完全に一致する情報を検索するには、キーワードを「" "」で挟みます。（例：" 教案を共有 "）

4）－：検索結果から不要な情報を除外するには「－」（半角のマイナス）を使います。必要なキーワードを入力し、半角スペースと半角のマイナスを入力します。そして、スペースを入れずに除外したい言葉を続けて入力します。（例：" 教案を共有 " －英語）

5）filetype:：特定のファイル形式の情報を探すには「filetype:」を使います。filetype:の後に検索したいファイル形式の拡張子を入力します。そして、スペースとキーワードを入力します。よく使われるファイル形式はWord文書の「docx」やExcelシートの「xlsx」、PDFファイルの「pdf」、画像ファイルの「jpg」などでしょう。（例：filetype:pdf　教案　日本語）

6）site:：特定のドメインだけを検索するには「site:」を使います。例えば、「日本語教育」に関連する情報を、日本の教育機関のサイトから検索するには「日本語教育　site:ac.jp」と入力します。「ac」は「academic」、「jp」は「japan」を意味しています。こうすることで、限定されたドメイン内で、キーワードに関連する情報を検索することができます。他には、米国の教育機関であれば「site:edu」、台湾の教育機関は「site:edu.tw」、日本の非営利法人は「site:or.jp」となります。「site:」の後にはスペースを入れずに続けてドメインや特定のURLを入力します。

　他にも、色々な条件を設定できる「演算子」（「検索式」とも言われています）があります。Googleのヘルプ機能にある「検索演算子」（https://support.google.com/websearch/answer/136861?hl=ja&ref_topic=3081620）を見ると、他の演算子も紹介されています。

7. グラフィック

　日本語を教える際には、絵カードや写真といった視覚教材が必要不可欠です。前章で紹介したように、インターネットを通して、様々な絵や画像が簡単に見つけられるようになり、教育使用目的で写真やクリップアートを無料で提供しているサイトもたくさんあります。このようなサイトから入手した絵やクリップアートといったグラフィックを、ワープロソフトにコピー＆ペーストするだけでなく、目的に応じて自分で編集することができれば、視覚教材としての利用方法が広がります。

　最近は、グラフィックの編集が非常に手軽にできるようになりました。本章では、コンピュータでグラフィックがどのように扱われるか、そして、グラフィックス編集ソフトの基本的な使い方を紹介します。

- グラフィックの2つのタイプ：「ペイント」と「ドロー」
- ペイント系グラフィック
- ドロー系グラフィック
- グラフィックの活用例

1 グラフィックの2つのタイプ:「ペイント」と「ドロー」

　コンピュータでのグラフィックの扱い方は二つに分けられます。一つは「ペイント（Paint）」と呼ばれるものです。もう一つは「ドロー（Draw）」です。この二つのタイプは、グラフィックの描き方が異なるため、使うアプリケーションも違います。インターネットを使ってグラフィック編集ソフトを検索してみると、「ペイント系」と「ドロー系」の2種類があることが分かります。

　ペイントは、グラフィックを「小さな点の集まり」で表現します。ちょうど目の細かい方眼紙の升目を塗りつぶした「点」で絵を描くのと同じです。この一つ一つの点を「ピクセル（Pixel）」や「画素」と呼び、一つ一つのピクセルの色を変えることで、コンピュータ上で絵や写真が表現されています。デジカメには300万画素や、最近では1000万画素といった「画素数」がありますが、これはピクセルをいくつ使って画像を表現しているかを意味します。300万画素のデジカメの場合、300万の升目一つ一つの色を変えて写真を表現していることになります。画素数が増えれば、それだけ多くの升目を使って画像を表現するので、結果としてより鮮明に見えます。ですから、デジカメで撮った写真もペイントのグラフィックの一つです。アドビ社の「フォトショップ（Photoshop）」は、ペイント系グラフィック編集ソフトの有名なものの例です。

　ペイント系グラフィックの長所は、細かいものを描くことができ、グラフィックの一部を消したり描き足したりすることもできるところでしょう。しかし、短所として、データ量が非常に大きくなってしまいます。また、描き終わったグラフィックを拡大すると、線がモザイクのようにギザギザと角張ってしまいます。さらに、縮小すると、それだけピクセルの数が減りますから、細部は消えてしまいます。一端消えた細かい部分を元に戻すことはできません。

　一方、ドローは、線と点を使ってグラフィックを表現します。「オブジェクト」と呼ばれる三角形や円などの図形を組み合わせて、切り絵のようにグラフィックを描きます。アドビ社の「イラストレーター（Illustrator）」はドロー系ソフトです。ドロー系グラフィックは、オブジェクトを数式として保存するので、データ量が少なく、拡大・縮小してもペイント系のように線がギザギザになることはありません。しかし、オブジェクトの一部だけを消すことはできず、細かいグラフィックを描くのにはあまり適しません。

2 ペイント系グラフィック

　本節では、実際にペイント系グラフィック編集ソフトを使いながら、特徴を理解し、基本的な使い方を覚えていきましょう。Windowsには、「ペイント（Paint）」というソフトがついています。「ペイント」は、Windows 7の場合、［スタート］＞［すべてのプログラム］＞［アクセサリ］の中にあります（図7-1）。Windows 8では、スタート画面の一番左下にある小さい矢印をクリックし、全てのアプリケーションを表示します（図7-1）。

図7-1
Windows 7の場合　　　　　　　　　　Windows 8の場合

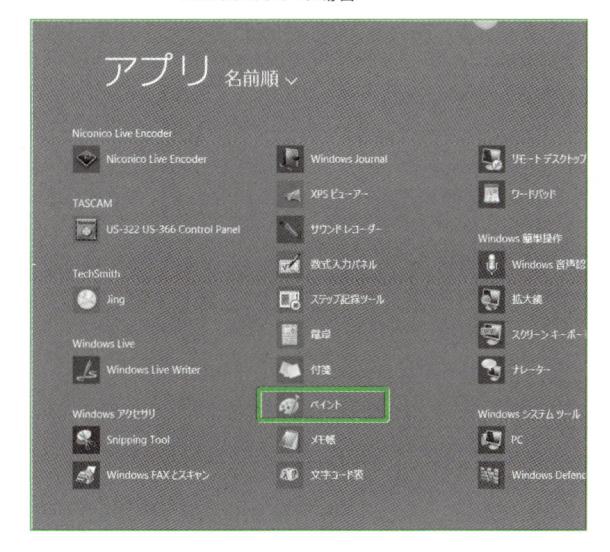

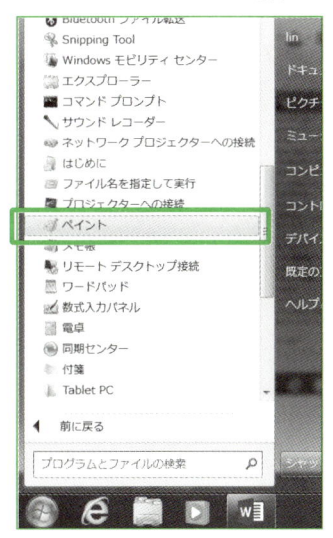

　ソフトを起ち上げると、白いキャンバスが現れます（図7-2）が、ここにマウスを使って絵を描きます。マウスでは微妙な操作が非常に難しいので、複雑な絵を全てマウスだけで描くのは大変です。そんな時は、ライセンスフリーの無料の絵素材をコピーし、目的に応じて編集する方が効率的でしょう。しかし、タッチスクリーンのコンピュータを使っている場合には、タッチスクリーン用のペンや指で描くことができるので、描きやすいでしょう。

　画面下中央部に「1170 x 528px」と表示されていますが、これがピクセルの数です。617760ピクセルでできたキャンバスということです。

図 7-2

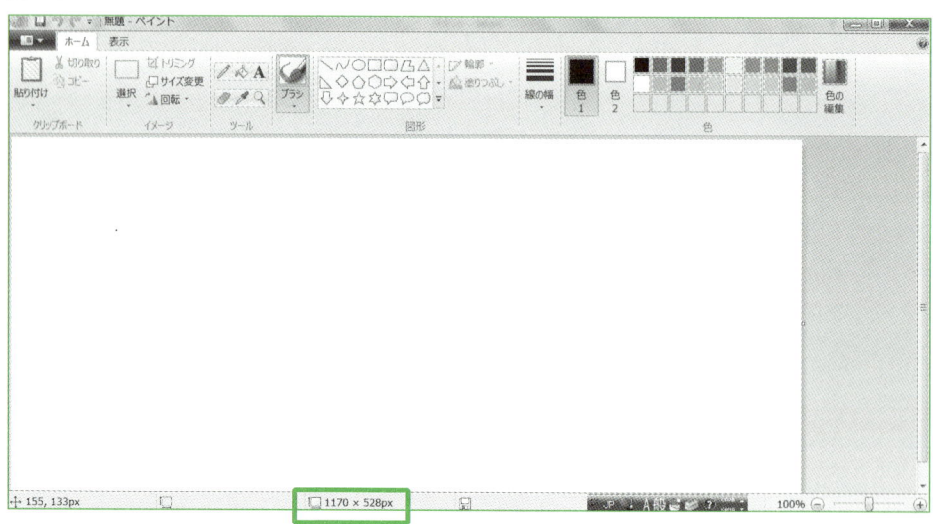

画面上部にあるメニューには、以下のようなツールがあります。

イメージ

- ❶ 選択　　　　　　　　描いた絵を四角で囲んだり、自由な形に囲んで選択します。
- ❷ トリミング　　　　　選択したグラフィック以外の余白部分を削除します。
- ❸ サイズ変更　　　　　選択したグラフィックのサイズを調整します。
- ❹ 回転　　　　　　　　選択したグラフィックを回転させたり、反転したりします。

ツール

- ❺ 鉛筆　　　　　　　　　　　色々な太さで線を自由に引くことができます。
- ❻ 塗りつぶし（ペンキ缶）　　選択されたグラフィックを塗りつぶします。
- ❼ テキスト　　　　　　　　　キャンバスにテキストボックスを挿入し、テキスト入力ができます。
- ❽ 消しゴム　　　　　　　　　画像の一部を消します。
- ❾ 色の選択（スポイト）　　　グラフィックの中で使われている色を選択し他の箇所に使います。
- ❿ 拡大鏡（虫メガネ）　　　　グラフィックの一部を拡大・縮小します。
- ⓫ ブラシ　　　　　　　　　　「鉛筆」とは異なる様々な筆感で線を自由に引くことができます。

図形

- ⓬ 図形　　　　　　　様々な図形をキャンバスに描けます。
- ⓭ 輪郭　　　　　　　図形の輪郭の色付け方を水彩やクレヨンなどで描いた時の風合いにします。
- ⓮ 塗りつぶし　　　　塗りつぶしの時の色付け方を水彩やクレヨンなどで描いた時の風合いにします。
- ⓯ 線の幅　　　　　　選択したツールで描く時の線の幅を選びます。
- ⓰ 色1　　　　　　　選択したツールで描く時の線の色を選びます。
- ⓱ 色2　　　　　　　消しゴムと塗りつぶしの色を選びます。

では、ペイント系グラフィックの特徴を理解するため、［ブラシ］を使って感情を表した簡単な顔を線で描いてみましょう（図7-3）。

図7-3

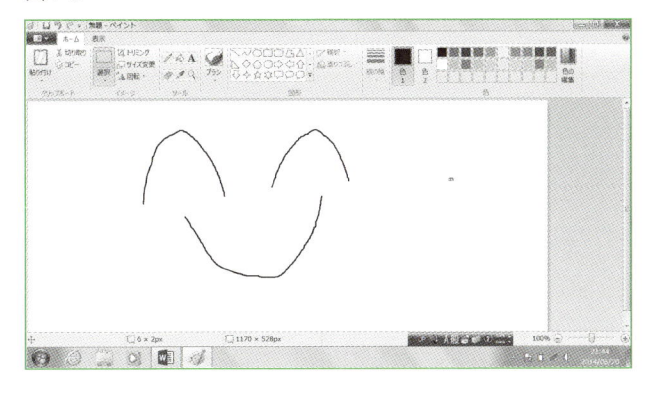

　今描いた線画を［四角形選択］を使って図7-4のように囲んでコピーをし、Wordの新規文書に貼り付けます（図7-5）。コピーは、［ホーム］タブの［クリップボード］にある［コピー］ボタンをクリックするか、ショートカットキー Ctrl ＋ C でできます。このように、ペイントで描いたグラフィックは、簡単にWordやPowerPointに貼り付けることができます。

図7-4

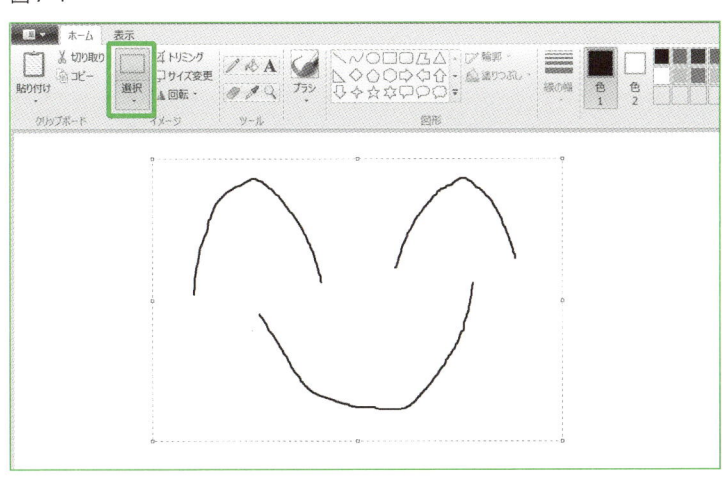

図7-5

次に、今貼り付けたWordの線画を選択し、サイズを大きくしてみましょう。そして、図7-5と比較してみると、図7-6のように線が若干ギザギザと荒れてきたのが分かると思います。

図7-6

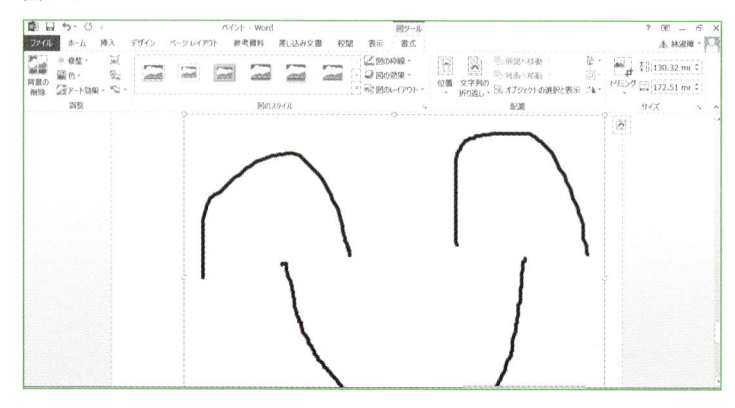

　今度は、図7-4で選択した線画をペイント上で小さくしてみましょう（図7-7）。そして、小さくした線画をコピーしWordに貼り付けてから、Wordでサイズを大きくしてみましょう。すると、図7-8のように、画質が非常に悪くなってしまいます。図7-6と比較してみると、さらに画質が悪くなっていると思います。これがすでに説明したペイント形グラフィックの短所です。

図7-7

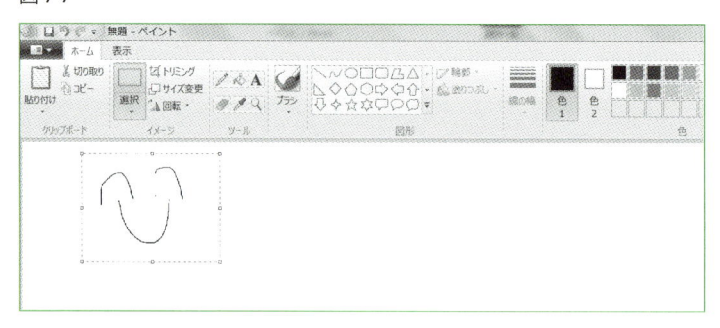

図7-8

▶ ウェブサイトの関連動画ヘルプ
1. ペイントの基本的な使い方
2. 画質の変化

使える技 1　グラフィック編集ソフトの活用法

　様々な絵カードを作成する際、以前は自分で絵を描いたり、教科書の絵を拡大コピーして切り貼りしたりすることが多かったと思います。しかし、デジタル化された無料の絵素材を使うと、簡単に色々な絵カードをきれいに作成することができます。第6章で紹介した、「新版『なかま』の仲間」というサイトのイラストから、くしゃみをしている絵をコピーし、ペイントに貼り付けます（図7-9）。

図 7-9

　この絵の吹き出しには花の絵があるので、「花粉症のためくしゃみが止まらない」という症状を表しています。この絵を、「花粉症」ではなく「猫アレルギー」にしたい場合は、吹き出しの花を猫に変えれば分かるでしょう。まず、同じサイトから猫の絵をコピーし、同じキャンバス上にコピーをします（図7-10）。

図 7-10

次に、猫の絵のサイズを調整し、吹き出しの花の上に動かします。これで花はほとんど隠れますが、猫の絵の周囲に若干残っている部分があるので、消しゴムで不必要な部分を消します（図7-11）。

図 7-11

あとは、このまま直接印刷すれば、「猫アレルギー」の絵カードが完成です（図7-12）。あるいは、必要に応じてこの絵を四角形選択でコピーし、Wordにペーストして、絵カード以外の教材に使うこともできます。

図 7-12

どうでしょうか。意外と簡単にグラフィックの編集ができたと思います。慣れてくると、非常に短時間でできるようになります。

3 ドロー系グラフィック

　ドロー系グラフィック編集ソフトにも色々なものがありますが、今回はWordに付属している機能を使ってみましょう。すでに使ったことがある人もいるかもしれませんが、Wordでは図形の挿入ができます。これがドロー系グラフィックの「オブジェクト」にあたります。これらの図形を組み合わせることで、絵を描いていきます。［挿入］タブの［図］メニューの中に［図形］があります（図7-13）。

図 7-13

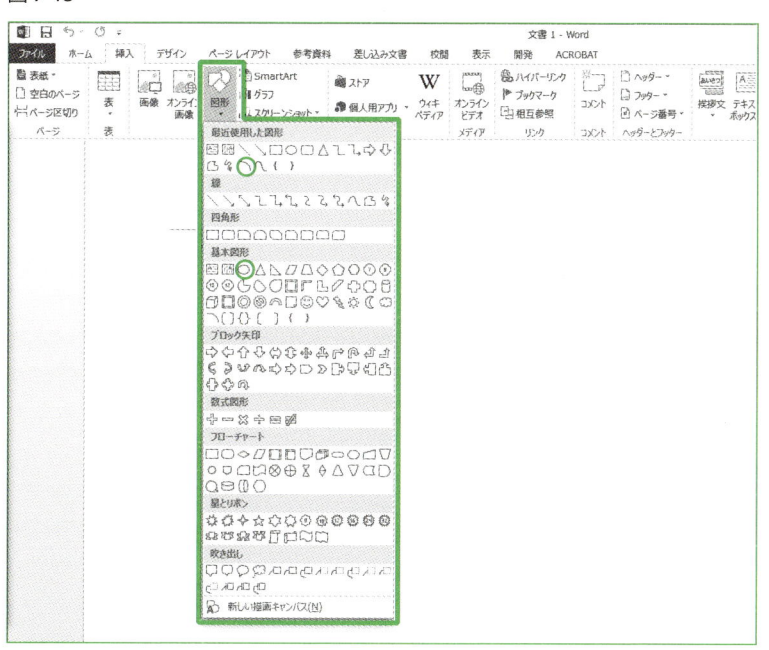

　この図形を使って、感情が表れた顔を描いてみましょう。図7-14は、［基本図形］の［円/楕円］と［円弧］を使って描かれています。ペイント系グラフィックのようにマウスで線を描いていくのではなく、図形の形を調整したり組み合わせたりして描くのが特徴です。

図 7-14

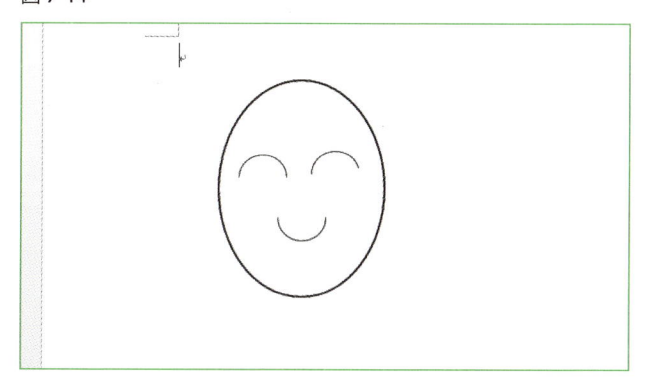

図形を挿入した時に色がついている場合は、色を変えたい図形を選択し、［描画ツール（書式）］タブの［図形のスタイル］にある［図形の塗りつぶし］をクリックすると、色を変えることができます（図7-15）。ちなみに、図7-14では［図形の塗りつぶし］で「白」を、［図形の枠線］で「黒」を選びました。

図 7-15

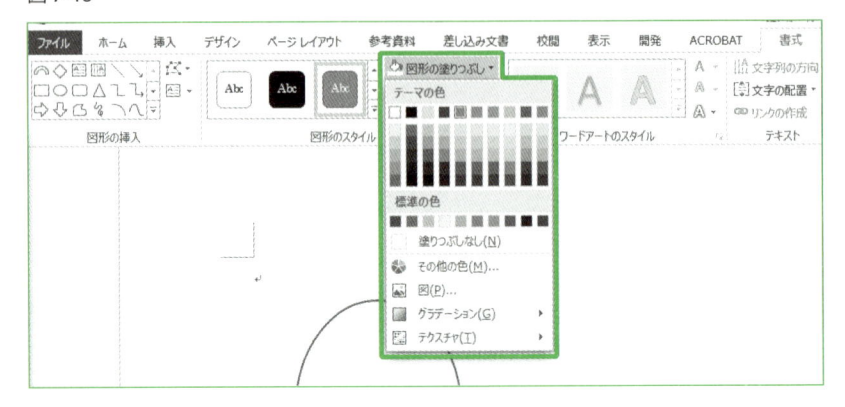

　次に、この絵を大きくしてみましょう。顔の輪郭である円をクリックし、右下角のサイズ変更ハンドルを外側に向けてドラッグすると大きくできますが、目や口である円弧のサイズは変わりません（図7-16）。なぜなら、この顔の絵は複数の図形（オブジェクト）を使って描いたからです。顔のそれぞれのパーツを一つずつ大きくしたり小さくしたり調整するのは面倒なので、全てのパーツを「グループ化」します。

図 7-16

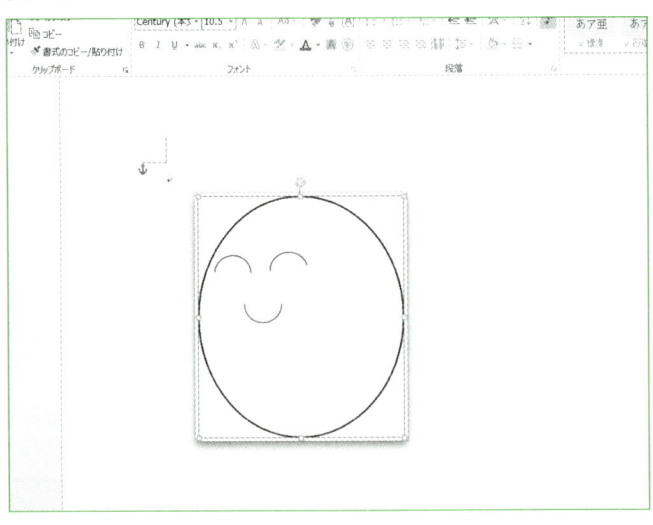

　Shiftキーを押しながら全てのパーツ（オブジェクト）をクリックして下さい。図7-17のように全てのパーツを選択しサイズ変更ハンドルが現れたら、カーソルをサイズ変更ハンドルの上に動かし、十字矢印になった時に右クリックします。そして、現れたメニューの中から［グループ化］を選択し、その中の［グループ化］をクリックします。これまでバラバラだったパーツが、グループ化され1つの顔の絵となり、サイズを変更してみると、図7-18のように、全てのパーツが同時に拡大されます。

図 7-17

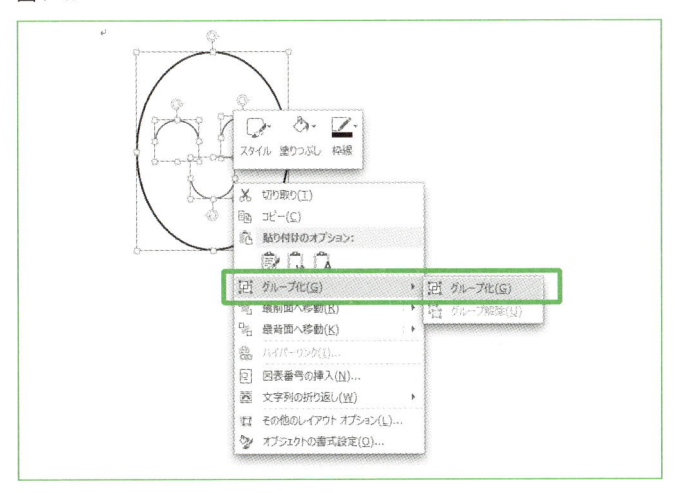

図 7-18

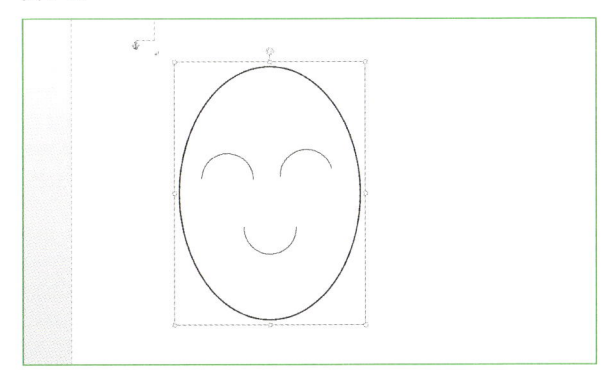

また、ドロー系グラフィックで絵を描く時に気をつけるのは、描く順番です。例えば、先ほどの顔の絵を、目や口から先に描いたとします。そして、最後に顔の輪郭を描くと、目や口が見えなくなってしまいます（図7-19）。

図 7-19

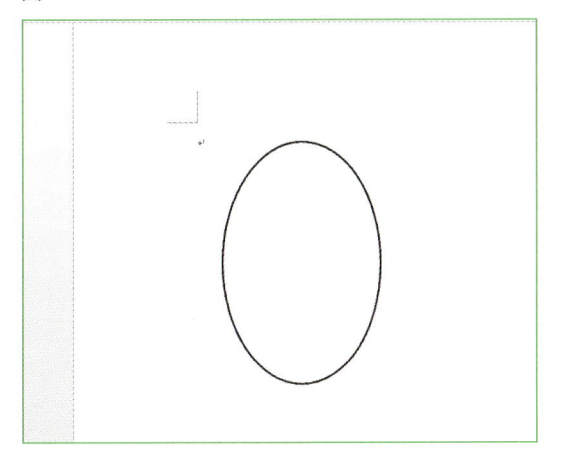

しかし、目や口のオブジェクトが消えてしまったわけではありません。顔の輪郭のオブジェクトの方が大きいですから、その下に隠れてしまったのです。複数のオブジェクトを組み合わせるので、小さいオブジェクトが大きいオブジェクトの下に隠れてしまう可能性があります。そんな時は、大きいオブジェクトをクリックしハンドルが現れたところで右クリックをします。そして、メニューの中から［最背面へ移動］を選択し、［最背面へ移動］をクリックする（図7-20）と、大きいオブジェクトが他の小さいオブジェクトの背面へ移動される（つまり、背景のようになる）ため、小さいオブジェクトも見えるようになります。

図7-20

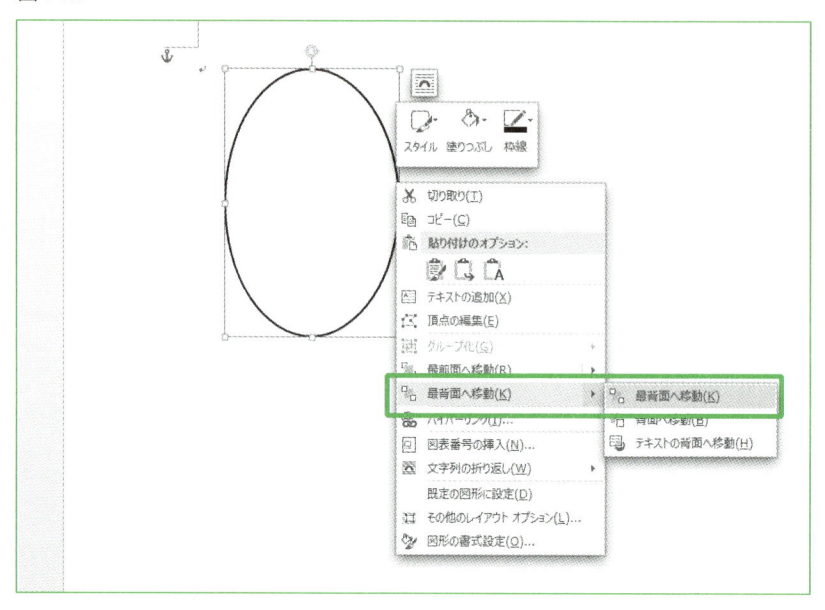

▶ ウェブサイトの関連動画ヘルプ

1. Wordの描画機能の基本的な使い方
2. オブジェクトのグループ

使える技 2　図形を描く際のキーの利用

　図形のサイズを変更する時には、上で説明したようにドラッグを使いますが、いくつかのキーと組み合わせることで、より便利なサイズ変更ができるようになります。

　[Shift]キー＋ドラッグ：オブジェクトの比率を保ったまま、サイズを変更します。これを使うと正方形／正円形などが描けます。

　[Ctrl]キー＋ドラッグ：オブジェクトの中心を動かさずに、図形のサイズを変更します。

4 グラフィックの活用例

　ここまで、ペイント系とドロー系のグラフィックの違いについて説明してきましたが、本節ではそれぞれの特徴を活かして、実際に日本語教育現場で使えるグラフィックの活用例を紹介します。

　まず、ペイント系の強みは、グラフィックの一部を消すことができるという点です。その強みを活用すると、図7-21のような間違っている仮名や漢字を作成でき、クイズや試験で「間違っているものを一つ選びなさい」というような問題に使えます。

図7-21

　Windowsのペイントを起ち上げ、[ホーム]タブの[ツール]にある[テキスト]を選択し、テキストを入力する範囲をマウスをドラッグして四角形を描く要領で指定します。そして、ここで重要なのは、テキストサイズを最大にしておくことです（図7-22）。理由は二つあります。一つは、仮名や漢字を編集する時に、字のサイズが大きい方が編集しやすいからです。もう一つは、ペイントの特徴ですが、ペイント系グラフィックのサイズを後から大きくすると、線がギザギザに荒れてしまうからです。最初から大きい場合は、小さくすれば済むことです。間違えた漢字を作成するために必要な形を含む漢字を図7-22のように入力します。

図7-22

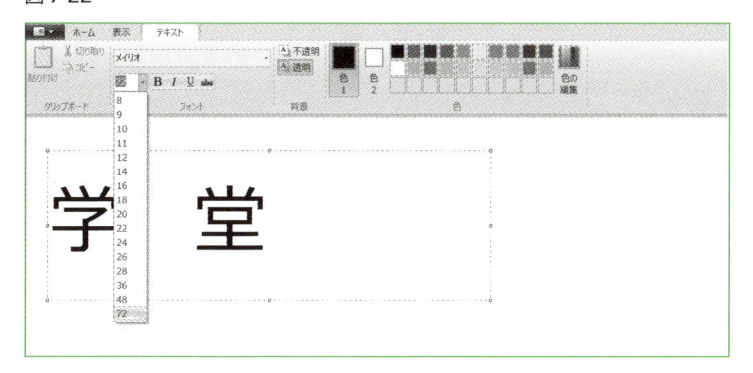

　次に、[選択]の中の[自由選択]を使って、漢字の使いたい部分を選択します。そして、選択した部分をもう一つの漢字と組み合わせます（図7-23 & 24）。こうすることで、間違った漢字を作成することができます。

図 7-23

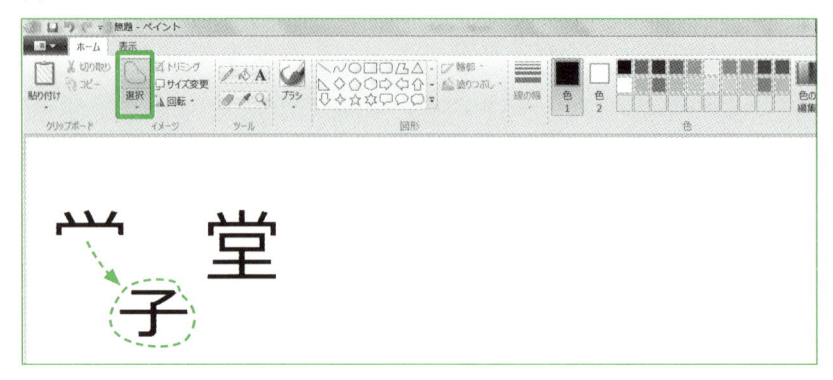

図 7-24

平仮名の場合も、同じ手順で図7-25のような存在しない仮名を作成できます。「ま」の上部を選択し、「ほ」の上部に重ねた後、バランスを整えるために、消しゴムで一番上の横線の長さを調整しました。文字の一部分を消すことで、漢字の書き順を示したり、部首だけを見せたりすることも可能になります。

図 7-25

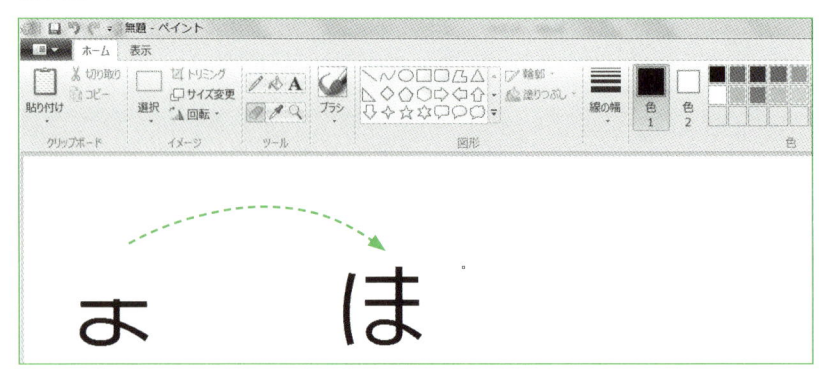

一方、ドロー系は、複数のオブジェクトを組み合わせて一つの絵を描けるので、それらのオブジェクトを動かすことで、同じような絵の別パターンを簡単に描けます。ですから、絵1と2の違いを見つけるインフォメーションギャップのような教室活動に使う絵を描く時に便利です。地図の描き方も、基本的には図7-14のような絵と同じで、色々なオブジェクトを組み合わせて描きます。まず、道路を描いてみましょう。図7-26のように、［挿入］タブの［図］メニューから［図形］をクリックし、［正方形/長方形］を選択します。そして、道路として細長い長方形を描いていきます。色は、グレーを使うとより道路に見えます。

図7-26

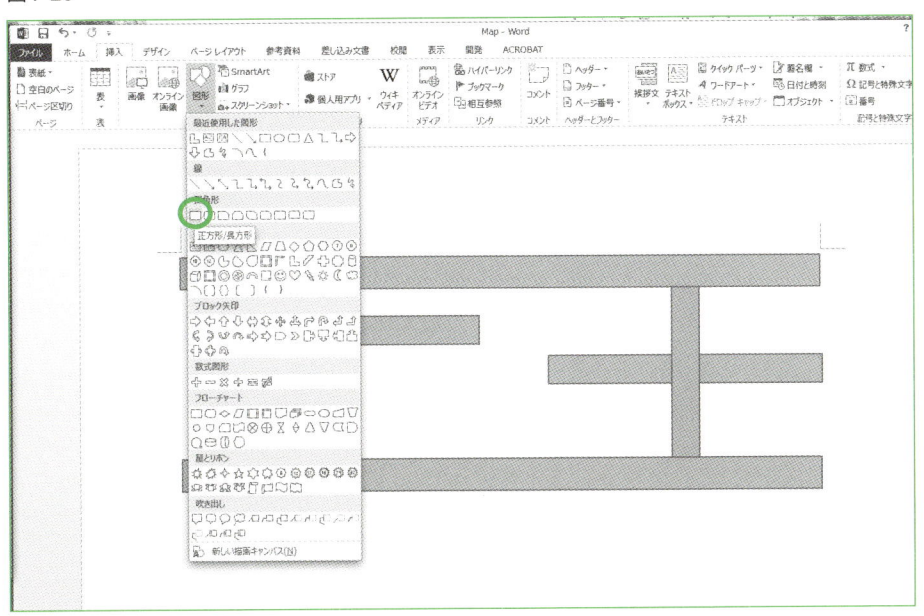

　次に、建物ですが、ドロー系ペイントソフトで細かいグラフィックを描くのは難しいので、インターネットを使って無料のクリップアートや絵素材を提供しているサイトからコピーをします。第6章でも紹介した「かわいいフリー素材集　いらすとや」から、図7-27のような絵を探してみましょう。使いたい絵をクリックすると、より大きい絵が表示されるので、その状態で絵を右クリックして［画像をコピー］を選択します。

図7-27

Wordで描いていた道路に貼り付け、サイズを調整します。そして、絵をクリックし、絵の右側に現れる［レイアウトオプション］から［前面］を選択します。これで、絵を自由に動かすことができ、道路のどこにでも配置できます。

図7-28

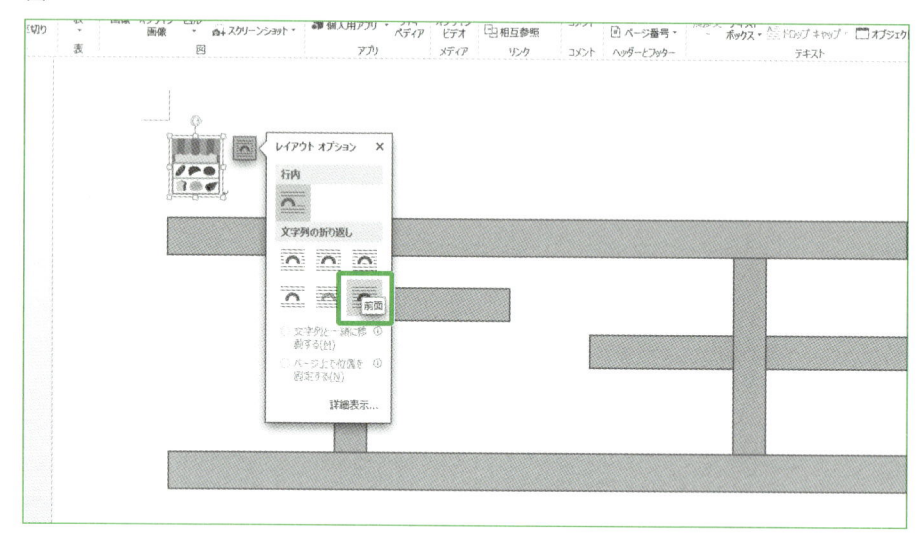

建物をいくつか挿入し、人の絵も加えると図7-29のような地図が完成です。この地図は、それぞれの建物の絵は独立したオブジェクトですから、簡単に削除することができます。ですから、地図1には本屋と病院と家を、地図2には大学と喫茶店とラーメン屋を残すことで、行き方を説明するインフォメーションギャップに使う地図を作成できます。

図7-29

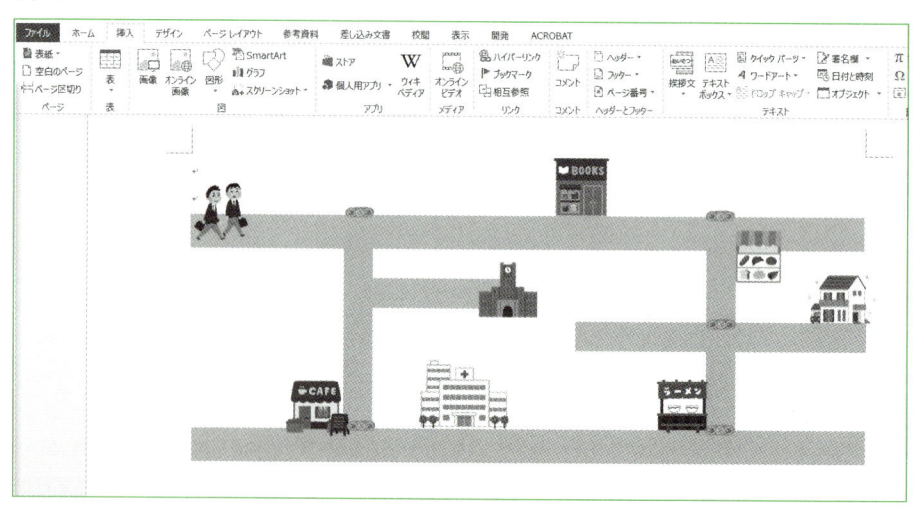

▶ ウェブサイトの関連動画ヘルプ
　1. ペイント系ソフトを使った間違っている仮名や漢字の作成
　2. ドロー系ソフトを使った地図の作成

使える技 3　オブジェクトを正確に配置するためのグリッド線

　ドロー系グラフィックでは、オブジェクトを配置する時に他のオブジェクトの位置とバランスを取らなければならない時もあります。そんな時には、[ページレイアウト] タブの [配置] メニューにある [配置] をクリックします。そして、現れたメニューの中から [グリッド線の表示] を選択すると、図7-30のようにグリッド線が表示されるので、オブジェクトの配置で等間隔を保ちたい時やオブジェクトの幅を揃えたい時などには便利です。

図7-30

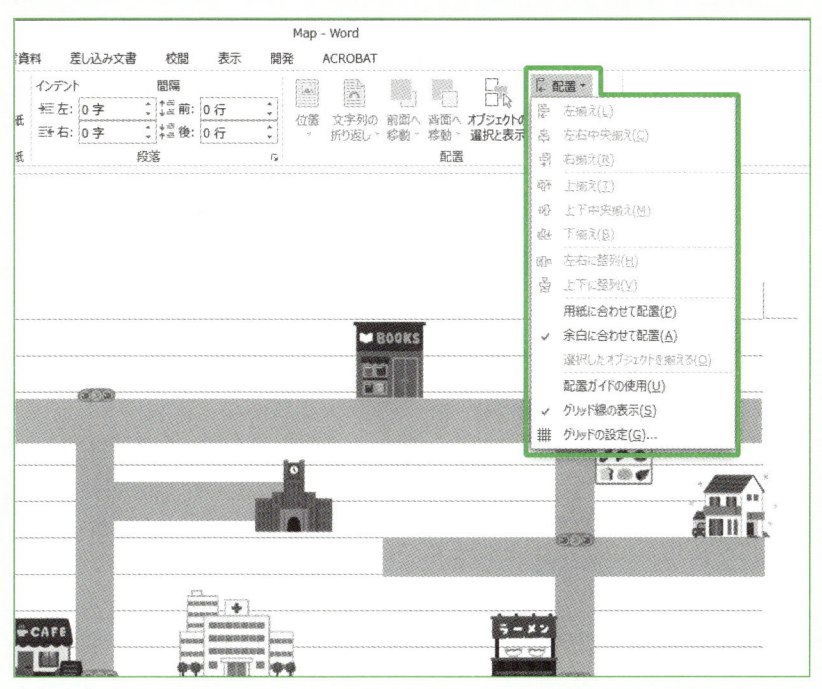

著者略歴：

中澤一亮（なかざわ・かずあき）

　1975年生まれ。東京都出身。2006年米国インディアナ州立パデュー大学大学院で言語学博士号を取得後、台湾私立元智大学応用外国語学科助教授として日本語と応用言語学を現在まで担当。2008年から日本語教育学会主催教師研修講座「日本語教師のためのオンラインITコース〜活用編〜」、2012年からは「新・日本語教師のためのオンラインIT講座」の講師を務める。近年、作文読解活動のためのSNS活用や日本語教師のためのITリテラシーを中心に研究。

　論文に「現役日本語教師のITリテラシー調査」『台湾日本語文學報』36号（2014年）、「学習者の自律性を高める授業：ポッドキャスト利用の分析」（岩﨑典子氏との共著）、佐藤慎司・熊谷由理（編）『社会参加をめざす日本語教育：社会に関わる、つながる、働きかける』（ひつじ書房、2011年）など。

畑佐一味（はたさ・かずみ）

　1956年生まれ。東京都出身。1989年イリノイ州立大学Ph.D.取得（教育学）。インディアナ州立パデュー大学外国語学科助教授、モナシュ大学准教授を経て、現在パデュー大学言語文化学科教授。また、2005年からはミドルベリー大学夏期日本語学校ディレクターを兼任。

　著書に、『Nakama 1』『Nakama 2』（畑佐由紀子氏・牧野成一氏との共著、Cengage Learning、1998年/2010年/2014年）、『日本語教師のためのITリテラシー入門』（くろしお出版、2002年）。論文に、「テクノロジーと習得」畑佐一味・畑佐由紀子・百済正和・清水崇文（編）『第二言語習得研究と言語教育』（くろしお出版、2012年）、「日本語教育、さん喬、そして私」『中央評論』62-1（2010年）、「日本語CALLの現状と今後」畑佐由紀子（編）『第二言語習得研究への招待』（くろしお出版、2003年）など。

＊本書の内容の一部は、台湾科技部（Ministry of Science and Technology）研究プロジェクト科学研究費補助金「日語教育與電腦輔助教學：探討台灣未來與現任日語教師資訊科技知能程度」（NSC101-2511-S-155-002）の研究助成による成果の一部である。

7日でわかる
日本語教師のためのIT講座
― Word・Excel・PowerPointから画像・動画編集まで ―

著者 ▶ 中澤一亮・畑佐一味
©Kazuaki Nakazawa & Kazumi Hatasa, 2015

発行日 ▶ 2015年 6月15日　第1刷発行

発行所 ▶ 株式会社 くろしお出版
〒113-0033
東京都文京区本郷3-21-10
Tel. 03-5684-3389　E-mail: kurosio@9640.jp

印刷所 ▶ 三秀舎　　装丁・レイアウト ▶ 大坪佳正

ISBN ▶ 978-4-87424-657-3 C2081　Printed in Japan